VLM PRESS

MONEY

PLANEJAMENTO FINANCEIRO
PARAIMIGRANTES

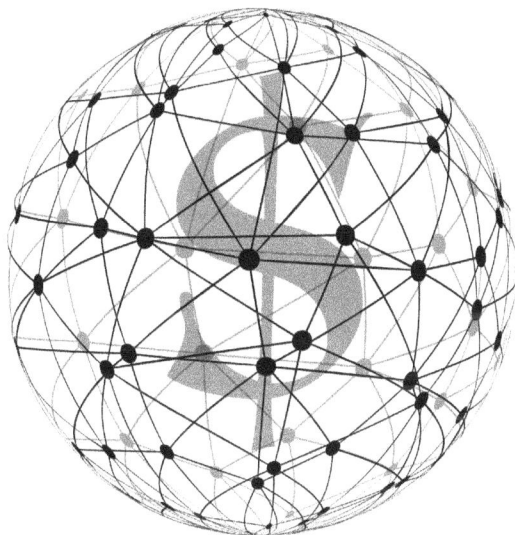

MONEY

PLANEJAMENTO FINANCEIRO
PARA IMIGRANTES

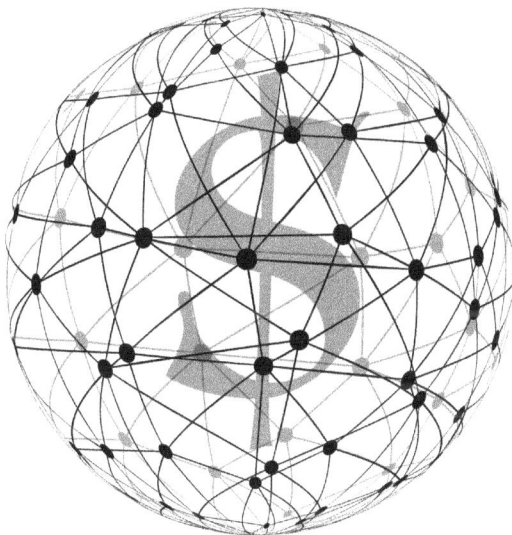

Abel Fiorot Loureiro

VLM PRESS

Boca Raton, FL USA

2020

Primeira edição Junho 2020

ISBN-13: 978-1-951159-16-0

PUBLISHED IN USA BY

VLM Press - Brazilian Publishing House

9940 Robins Nest Rd

Boca Raton, FL 33496 USA

https://vlmpress.com

Para volumes adicionais por gentileza fazer seus pedidos online.

Um livro com o selo de qualidade da VLM Press - Brazilian Publishing House

EDITORAÇÃO E REVISÃO DE TEXTO:

Christiany Rebelo

Elce Ribeiro

CAPA E PROJETO GRÁFICO:

 IT Pro Designs

DIAGRAMAÇÃO:

Edivaldo A Fontes

PUBLISHER E EDITOR CHEFE

Edivaldo A Fontes

ESCANEIE
COMPRE ONLINE

DISCLAIMER

O livro tem caráter meramente educativo e informativo, e não constitui e nem deve ser interpretado como recomendação de investimentos a qualquer ativo financeiro. Os prazos, taxas e condições informados, e quaisquer cálculos indicados são hipotéticos, e não representam nenhuma garantia de retorno. Investimentos nos mercados financeiros e de capitais estão sujeitos a riscos de perda do valor total do capital investido. Os investidores devem obter orientação independente, com base em suas características pessoais, antes de tomar uma decisão de investimento.

O livro faz referências a declarações sobre expectativas e projeções futuras. Embora essas referências e declarações reflitam o que o autor acredita, elas envolvem imprecisões e riscos difíceis de se prever, podendo, desta forma, haver resultados ou consequências diferentes daqueles aqui antecipados e discutidos. Nenhuma das informações contidas neste livro são garantias de performance futura.

Qualquer comentário neste livro não pode ser interpretado como recomendação de investimento, assessoria tributária ou legal. Por favor, sempre consulte profissionais competentes devidamente licenciados para orientá-lo em questões tributárias, contábeis, legais e de investimentos. Estes profissionais podem analisar cuidadosamente o seu caso específico.

VLM PRESS

Edição e impressão nos Estados Unidos da América do Norte
por VLM Press — VLMPRESS.COM

Este livro é dedicado ao meu pai,

Ademilson Nunes Loureiro
(*in memoriam*).

SUMÁRIO

AGRADECIMENTOS

Escrever este livro só foi possível com a ajuda de diversas pessoas, que colaboraram direta e indiretamente para isto. Eu nunca escondi que sempre desejei ter uma obra publicada. Primeiramente agradeço a Deus, o grande arquiteto do Universo e fonte infinita de Sabedoria. Agradeço imensamente o apoio da minha família, minha esposa Roberta, meus filhos Alberto e Arthur.

Também agradeço o apoio e pensamentos positivos de minha mãe Sileide, minha sogra Zilma e do meu irmão Saulo. O incentivo de meu sogro Zé Luiz e das minhas cunhadas Fernanda, Paula e Renata. Os meus sobrinhos João Pedro, Ricieri, Hernandes e Manuella.

A equipe da VLM Press Editora, por todo o zelo e profissionalismo na edição desta obra.

INTRODUÇÃO

Dinheiro é apenas uma ferramenta. Ele irá levá-lo onde quiser, mas não vai substituí-lo como motorista.

Ayn Rand

Todos nós temos sonhos. Mais importante do que sonhar, é termos a capacidade de realizar os nossos sonhos. Uma pergunta recorrente é sobre as razões pelas quais algumas pessoas conseguem atingir os seus sonhos, e outras não. Será que existe uma fórmula mágica ou uma receita de bolo que me fará prosperar? Evidente que não. Se você está em busca de uma fórmula mágica de como ficar rico, devo alertá-lo que este livro não irá ajudá-lo. Por milênios os seres humanos buscam fórmulas mágicas para enriquecer, perder peso, eliminar vícios e ter uma vida próspera.

A indústria de autoajuda e realização é gigantesca, buscando atender a altíssima demanda por esse tipo de iniciativa. Nada contra, a quem acredita e segue alguns "*gurus*" e quem sou eu para duvidar de uma crença, mas o "*approach*" deste livro é diferente, vamos abordar aqui algo bem mais consistente.

Este livro nasceu de uma ideia, que foi amadurecendo durante mais de uma década, a partir da observação e atendimentos realizados com milhares de pessoas e famílias, tanto no Brasil, quanto nos Estados Unidos. Como especialista da área financeira, atuando há mais de 17 anos como professor, instrutor, consultor e empreendedor nesta área, sempre tive o desejo de ajudar as pessoas a compreenderem os conceitos financeiros, aplicá-los e com isso, terem a capacidade de realizar os seus sonhos e objetivos, quaisquer que sejam.

Sendo um estudioso do assunto, não poderia simplesmente repetir jargões e frases motivacionais. Isso ajuda, é claro. Mas é preciso ir além, compartilhar um pouco das ferramentas, estratégias e conceitos financeiros de forma sistematizada, em uma linguagem palatável, de grande amplitude. Ou seja, é preciso desmistificar alguns conceitos e torná-los acessíveis a todos aqueles que buscam crescer financeiramente e atingir os seus objetivos.

Todos os conceitos de gestão financeira eficiente, planejamento e tomada de decisão, se aplicam também ao seu projeto imigratório. Algumas pessoas acreditam que possam existir atalhos, quando na verdade, eles acabam sendo grandes emboscadas.

Pesquisas[1] realizadas no Brasil, demonstram que mais de 85% dos jovens brasileiros, têm interesse em deixar o país para morar e trabalhar fora. Realmente, o sonho de morar em outro país faz parte dos objetivos de muitas famílias brasileiras. Devido aos anos de instabilidade econômica, crises, corrupção, insegurança, desemprego, e tantas outras mazelas que assolam o nosso querido Brasil, esta estatística é até compreensível.

Os motivos que levam as pessoas a buscarem novos horizontes e

---

1. Extraído de — https://epocanegocios.globo.com/Carreira/noticia/2019/01/91-dos-brasileiros-tem-vontade-de-deixar-o-pais-para-trabalhar-no-exterior.html

objetivos em outros países são variados: segurança, melhor educação para os filhos, possibilidade de uma carreira internacional, entre outros.

Minha experiência é relatada por diversas vezes ao longo deste livro. À medida que apresento alguns conceitos fundamentais de Planejamento Financeiro, compartilho essas experiências e práticas reais, além das experiências que presenciei de outras pessoas na mesma condição de expatriados.

Irei apresentar conceitos, exemplos e planos que certamente poderão ajudá-lo, mas sem pretensão de esgotar o assunto. A maior contribuição desta obra, é no sentido de auxiliá-lo na construção de um modelo mental que seja útil, no seu processo de tomada de decisão financeira. Este livro é voltado para todos aqueles que têm a pretensão em mudar de país, bem como aqueles que já mudaram e estão em busca de conhecimento especializado.

Este livro pode ser útil para o imigrante que tenha como destino qualquer país estrangeiro. Se você pensa em ser ou já é um imigrante nos Estados Unidos, Canadá, Portugal, Inglaterra, entre outros países, encontrará aqui, informações valiosas que irão subsidiar o seu processo de tomada de decisão, bem como ferramentas necessárias para melhor gerenciar suas finanças. Com vários exemplos e situações práticas da vida de um expatriado. Embora este livro seja voltado para imigrantes que têm como destino os mais diversos países do globo, naturalmente, ele é aplicado aos que desejam mudar ou já estão morando na maior potência econômica do planeta, os Estados Unidos da América. Isso por uma razão óbvia.

A minha experiência prática de imigração é aqui nos Estados Unidos, onde trabalho atualmente.

Desta forma, poderei explicar detalhadamente como funciona

o mercado financeiro, o sistema de crédito, os bancos, os financiamentos imobiliários, a avaliação de negócios, entre outros temas corriqueiros na vida de um imigrante nos EUA.

Uma coisa é certa. Imigrar custa muito dinheiro (*money*). Os casos mais bem sucedidos de imigração são consequência de um bom gerenciamento e alocação de recursos. Os resultados das decisões financeiras tomadas são consequências da estratégia utilizada. Negligenciar a questão financeira em um processo de imigração é trabalhar na incerteza, na sorte, no improvável. Poderá dar certo ou não. Mas se existem formas que o auxiliem neste processo, por que não segui-las?

Planejar é decidir antecipadamente, portanto, antes de iniciar o seu processo imigratório, você deve avaliar todas as questões pertinentes, principalmente em relação ao dinheiro. Afinal, ninguém quer passar apuros em terras estrangeiras.

Assim, abordarei nesta obra, temas importantes a fim de auxiliá-lo em sua jornada imigratória. Desde aspectos básicos, de como elaborar o seu balanço patrimonial pessoal até tópicos mais avançados, como a realização de investimentos e estratégias de proteção patrimonial. O objetivo é ajudá-lo a engrossar as estatísticas de brasileiros bem-sucedidos em terras estrangeiras.

Conte comigo!

Capítulo 1

O PRIMEIRO PASSO PARA O SONHO AMERICANO

Uma jornada de mil quilômetros precisa começar com um simples passo.

Provérbio Chinês

uriosamente, a expressão "Sonho Americano" surgiu em 1931, em plena Grande Depressão. Parece incoerente que a ideia de que qualquer pessoa pode triunfar nos Estados Unidos tenha surgido na pior crise da história, quando o país perdeu metade do PIB e 25% dos empregos formais.

Na verdade, faz sentido: é no momento de maior dificuldade que as pessoas precisam continuar acreditando. Movidas por um ideal ou sonho, elas reagem, seguem em frente e se esforçam ainda mais. Com isso, as chances de êxito pessoal e coletivo aumentam.

Muitos brasileiros têm um sonho inconsciente de morar, constituir carreira e vida no exterior, e o destino preferido da maioria é os Estados Unidos. Este é o sonho de milhares de brasileiros e pessoas de várias nacionalidades ao redor do mundo. Todos querem participar do "Sonho Americano", o país das oportunidades ilimitadas.

Mas como realizar este sonho? A América é fundamentalmente um país de imigrantes, sem sombra de dúvidas. Aqui existem inúmeras oportunidades e chances de prosperar financeiramente, mas todos também sabem que o controle de fronteiras é rigoroso. Um dos primeiros e, talvez o mais importante, dos passos para se conquistar a América é verificar a sua elegibilidade para alguns dos vistos disponíveis pela USCIS (*United States Citizenship and Immigration Services*), órgão oficial do governo americano, que cuida da concessão de benefícios imigratórios para pessoas que queiram estudar, trabalhar e até se tornarem residentes permanentes na terra do Tio Sam, conseguindo o famoso *Green Card*.

Existem cerca de 187 tipos de vistos americanos[1] , que podem ser divididos em dois tipos: residentes e temporários. Ou seja, um para quem tem a intenção de morar nos EUA e outro para aqueles que têm como objetivo apenas o lazer, turismo e/ou negócios. Um imigrante geralmente possui o objetivo de morar, trabalhar ou investir na América. Para um plano imigratório bem sucedido é muito importante entender a nomenclatura e as várias classificações de vistos disponíveis. Uma boa pesquisa prévia será de grande valia, no sentido de você poder discutir o seu caso em detalhes com o seu advogado de imigração, que é o profissional habilitado para ajudá-lo com o seu processo / petição junto ao Departamento de Imigração dos Estados Unidos.

O visto americano é um documento que concede a autorização de entrada de imigrantes em solo americano. Nele, estarão determinadas condições sobre direitos e restrições, além de um prazo de permanência.

Os principais tipos de vistos americanos são:

---

1. As informações contidas nesta obra são de caráter genérico. Recomendamos que você busque uma orientação personalizada com um advogado de imigração, que certamente irá estudar detalhadamente o seu caso.

E-1 e E2

Os vistos americanos de Investidor E-1 e E2 são destinados a pessoas físicas ou jurídicas que pertencem a um país que integra o Tratado de Comércio com os Estados Unidos.

O E-1 é voltado para os investimentos em comércio internacional em seu próprio nome. A exigência é que o negócio seja ligado ao comércio ou prestação de serviços, como restaurantes, lojas e academias. É temporário, mas pode ser renovado. Neste caso, o cônjuge também possuirá permissão para trabalhar.

Já o E-2, trata-se do investimento de uma quantia substancial de capital em uma empresa americana. O requerente deverá comprovar investimento de um valor substancial para demonstrar a operação de sucesso do negócio e, consequentemente, um impacto econômico positivo.

H1-B

O visto americano de trabalho H1-B é usado para transferir empregado estrangeiro temporariamente. Para solicitar, o requerente precisa ter título universitário de uma instituição americana ou estrangeira, já que esta categoria é direcionada apenas para quem possui habilidades distintas ou mérito profissional. Além disso, precisa ser comprovado que a posição exige alguém com as qualificações. Há a limitação, entretanto, do número de vistos H1-B por ano. Caso o limite estabelecido de candidatos seja atingido, a imigração fará um sorteio. Durante a gestão do presidente Trump, as regras de aplicação de concessão do visto H1-B têm sofrido várias modificações. Desta forma, é sempre importante recorrer ao site oficial da USCIS[2] para obter a informação mais atualizada a respeito. A melhor fonte de informação sobre imigração sempre será

2 . https://www.uscis.gov/

o site da imigração, nunca esqueça disso. Até o seu advogado de imigração irá concordar com esta afirmação.

EB-5

O visto americano EB-5 é uma autorização de residência permanente. Não é tão fácil assim conseguir, já que a categoria foi criada por interesse próprio do país. Ou seja, os beneficiários são estrangeiros que irão contribuir economicamente com o país através de seu capital de investimento e estimulam a criação de empregos. Existem requerimentos mínimos de valores a serem investidos, entre outros requisitos.

L1-A

O visto de executivo L1-A é direcionado a executivos e gestores de multinacionais. Funciona como uma transferência interna para que a pessoa assuma posição similar na empresa, subsidiária, ou filial americana, a fim de gerir seus negócios nos EUA.

A família do titular poderá obter visto L-2. Com isso, o cônjuge dependente estará autorizado a trabalhar nos EUA em qualquer área de atuação, desde que o faça em conformidade com as leis americanas sobre qualificações e licenças para a respectiva área. Os filhos menores de idade também têm permissão de estudo.

HABILIDADES EXTRAORDINÁRIAS EB-1

O visto EB1 é para trabalhadores de primeira prioridade. Este visto é a primeira categoria de vistos de imigração baseados no emprego nos EUA. O visto EB1, permite que pessoas com notáveis realizações acadêmicas e profissionais residam permanentemente nos EUA.

Aos solicitantes desse visto serão concedidos direitos para migrar permanentemente para os EUA, se puderem atestar suas conquistas. Uma vez concedida com o visto EB1, a pessoa pode obter documentos dos EUA, como *Social Security Number* (o equivalente ao CPF dos EUA), carteira de motorista, possuir uma propriedade, realizar investimentos e trabalhar normalmente para qualquer empregador e/ou para o próprio negócio.

HABILIDADES EXCEPCIONAIS EB-2

O visto EB-2, também chamado de visto de emprego de segunda preferência, atende às seguintes pessoas classificadas nesses três grupos:

- Profissionais que possuem um grau educacional avançado como um diploma de bacharel, mestrado ou ensino superior com 5 anos de experiência em sua linha de trabalho.

- Estrangeiros que manifestem habilidades excepcionais no campo das artes, negócios ou ciências.

- Pessoas que provem que suas habilidades podem dar contribuições para o país e se importam pelo interesse nacional dos EUA ou por pessoas que têm uma Isenção de Interesse Nacional (*NIW – National Interest Waiver*).

Supondo que você pertença a qualquer um dos seguintes grupos mencionados acima, você terá a oportunidade de solicitar um visto EB-2. Ter um visto EB-2 fornecerá benefícios, como residir permanentemente nos EUA, adquirir um *Green Card*, trabalhar no campo de sua experiência, viajar dentro e fora dos EUA, poder se candidatar a empregos de estados diferentes e você também terá a chance de candidatar-se a uma cidadania dos EUA.

Existem também outros tipos de vistos americanos, como:

B1 — Negócios;

B2 — Turismo;

D — Tripulantes;

F — Estudante acadêmico;

J — Intercâmbio;

I — Representantes de meios de comunicação;

M — Estudante vocacional;

O — Para cidadãos estrangeiros com habilidades extraordinárias;

P — Para atletas, artistas e outros profissionais do entretenimento;

Q — Para programas internacionais de intercâmbio cultural;

R — Para profissionais religiosos; entre outros.

A escolha do visto adequado, é um dos processos mais importantes da vida do imigrante que queira morar nos Estados Unidos. Recomendo que pesquise detalhadamente, e converse com pessoas que já fizeram o processo de visto que você pretende aplicar. Faça consultas com escritórios e advogados especializados no assunto.

O começo da sua jornada imigratória para os Estados Unidos é a escolha e aplicação do seu visto. Como são várias as opções, é difícil qualificar o mais adequado. Cada caso é um caso. Vai depender das qualificações, histórico de realizações, capacidade financeira, além de aspectos relacionados ao perfil profissional do pleiteante.

O processo imigratório é longo e gera muita ansiedade na vida de milhares de famílias. Por essa razão, acho de suma importância compartilhar com você a minha experiência.

Eu sempre tive o sonho de obter um *American Degree*, ou seja, um título acadêmico de nível superior em uma faculdade reconhecida nos Estados Unidos. Portanto, fiz várias viagens de prospecção em faculdades nas cidades de Boston, Chicago, Nova York, Fairfield, Fort Wayne, entre outras.

Acabei optando por participar do Programa de Mestrado em Finanças e Gestão de Investimentos (*Master in Finance & Investment Management*) da *Sacred Heart University, Jack Welch College of Business*, localizada na agradável cidade de Fairfield, Connecticut.

Sendo assim, me mudei para os Estados Unidos com o visto F-1, para o qual fiz a entrevista no Consulado Americano do Rio de Janeiro. Minha família obteve o visto F-2, como dependente de estudante.

O processo de obtenção do visto foi tranquilo, no qual tive que apresentar os documentos de aceitação no Programa de Mestrado emitido pela Faculdade (*form I-20*), capacidade financeira para poder suprir as necessidades da minha família durante o período do curso, além dos valores do curso (*Tuition Fee*[3] *e taxas*).

O visto de estudante em si não permite que você trabalhe. Mas se você fizer alguns programas avançados de pós-graduação (*Graduate*), a própria faculdade poderá lhe emitir uma autorização de trabalho, desde que seja na área de estudo do programa, na modalidade conhecida como CPT – *Curriculum Practical Training*, uma forma de estágio profissional em sua área de estudos, muito importante para o embasamento técnico e prático dos conteúdos aprendidos durante o curso.

Desta forma, consegui o meu *Social Security Number* e comecei

---

3. *Tuiton fee* é o valor cobrado pelas instituições de ensino superior nos EUA para a prestação de serviços educacionais. Geralmente é cobrada antes do início do período escolar de matrícula (trimestre ou semestre).

a trabalhar em um banco de investimentos na região de Nova York. O meu programa se enquadra como STEM (*Science, Technology, Engineer and Mathematics*). Um programa STEM lhe garante até 3 anos de autorização de trabalho nos EUA.

Logo após finalizar o curso, apliquei para o visto EB-1, de habilidades extraordinárias. O processo foi bem fundamentado, onde busquei todas as minhas evidências de realizações acadêmicas e profissionais para a montagem do dossiê. Tive uma RFE — *request for evidence*, uma solicitação do oficial que julga o caso, pedindo mais evidências e provas relativas à petição.

Como o EB-1 não necessita de um empregador americano, o processo baseia-se em uma *self-petition*, ou seja, uma petição própria do pleiteante, onde ele deve demonstrar as suas evidências, frente aos critérios estabelecidos pela imigração, além do seu plano profissional a ser implementado nos EUA. A minha RFE foi analisada e aprovada. Felizmente, a etapa da elegibilidade estava cumprida.

Depois da elegibilidade veio a etapa da admissibilidade, na qual foi necessário que eu passasse por uma entrevista presencial com o oficial de imigração, que me fez perguntas protocolares e também referentes ao meu histórico imigratório, profissional e educacional. Como a aplicação foi realizada para todos da família, minha esposa e meu filho maior de 15 anos também foram entrevistados. Esta entrevista é uma forma da imigração conferir o caso e evitar que processos fraudulentos ou que tenham algum tipo de irregularidade seja adjudicado. Uma vez aprovada a admissibilidade, o próximo passo é a emissão do tão sonhado *Green Card*.

Um processo imigratório baseado em emprego leva, em média, uns 2 anos para a sua conclusão. Estipular um prazo é complicado, pois depende de cada caso. Na verdade, os prazos têm se alongado nos últimos anos.

Mas é importante frisar que durante o processo de ajuste de status imigratório dentro dos Estados Unidos, você pode solicitar a autorização de trabalho e viagem. Este é um direito que o pleiteante tem. Sendo aprovadas as solicitações, você recebe um cartão de autorização de trabalho e viagem, popularmente conhecido como *Combo Card*, que vem em uma versão rosa. Porém o nome oficial é EAD – *Employment Authorization Document* com *Advance Parole* que permite realizar viagens internacionais durante o prazo de validade do cartão.

Novamente recomendo que você dedique um bom tempo pesquisando e definindo em qual visto você irá se enquadrar. Para isso, é de extrema importância que você procure um bom escritório de advocacia de imigração. Caso tenha qualquer dificuldade neste quesito, não hesite em me contactar. Certamente poderemos lhe apresentar opções viáveis de escritórios com bastante experiência e casos de sucesso.

Este é o primeiro passo para a realização do sonho americano!

Capítulo 2

A IMPORTÂNCIA DO PLANEJAMENTO FINANCEIRO

O planejamento é um instrumento para raciocinar agora sobre os trabalhos e ações que serão necessários hoje para merecermos um futuro. O produto final do planejamento não é a informação: é sempre o trabalho.

Peter Drucker

Quando planejamos, estamos decidindo com antecedência. Decidimos hoje o nosso futuro. Evidente que podem ocorrer imprevistos, reveses e obstáculos. Mas quando se planeja, é calculado o risco inerente de cada iniciativa. Isto aprimora a sua tomada de decisão e faz com que você avalie todo o cenário, *"the whole picture"*, como os americanos gostam de dizer.

O dinheiro é a mais poderosa ferramenta do mundo, e como tal, é preciso saber lidar com ela. O conceito de planejamento financeiro pessoal é amplo. Encontrar bibliografia específica sobre o assunto, à exceção de livros de autoajuda financeira, é uma tarefa um tanto quanto difícil. Os trabalhos acadêmicos se concentram mais na discussão do tema *Private Wealth Management*, tema este mais comumente associado à gestão de grandes fortunas. De fato, o termo planejamento financeiro pessoal se confunde com *Wealth Management* e às vezes até inacessível para muitas pessoas. Muitas pessoas imaginam tratar-se somente de altos investimentos, muitas vezes fora de seu alcance. Na verdade, são conceitos complementares.

A ideia de um planejamento financeiro pessoal apenas relacionado ao orçamento doméstico ou situação patrimonial (ativos e passivos) é muito restrita. Por outro lado, a ideia de uma gestão de patrimônio ou *Wealth Management* apenas focada em investimentos também é ultrapassada, e o processo é cada vez mais entendido como algo mais amplo, englobando todos os itens da vida financeira do indivíduo e da família.

Além disso, as instituições financeiras estão cada vez mais usando os conceitos de *Wealth Management* junto à sua base de clientes de varejo. Esta democratização de técnicas e conceitos, antes exclusivos aos clientes de alta renda, denominados como *Ultra High Net Worth*, se deve às facilidades trazidas pelo uso da tecnologia no setor financeiro e, em especial, ao advento das Fintechs.

Brasil e Estados Unidos foram fundados mais ou menos na mesma época, ambos têm dimensões continentais e históricos semelhantes de escravidão e imigração, mas os Estados Unidos têm um PIB 10 vezes maior que o do Brasil.

A diferença de desenvolvimento entre os dois países está na cultura do enfrentamento dos problemas e o apoio à iniciativa privada. Neste caso, a América tem um espírito muito mais livre, além de incentivar o empreendedorismo e a inovação.

Um bom planejamento financeiro será aquele que irá ajudá-lo a atingir objetivos de vida, por meio da apropriada administração de seus recursos financeiros.

São várias as etapas de elaboração do seu plano financeiro, começando pela coleta de informações; definição de objetivos; identificação de questões financeiras e não financeiras; preparação de alternativas; recomendações; implementação e monitoramento e revisões periódicas deste plano.

De acordo com a FPSB (*Financial Planning Standard Board*)[1] o processo de planejamento financeiro é composto por seis etapas. Este processo é um ciclo contínuo, conforme demonstrado na Figura 1 na próxima página.

1. Definir e estabelecer o relacionamento com o cliente;
2. Coleta das informações do cliente;
3. Análise e avaliação da situação financeira do cliente;
4. Desenvolvimento das recomendações e apresentação ao cliente;
5. Implementação das recomendações;
6. Revisão da situação do cliente.

O Processo determinado pelo conselho da FPSB serve para direcionar os profissionais que trabalham na área de planejamento financeiro, conhecidos como *Financial Planner* nos Estados Unidos. O FPSB também contribui com o Board da certificação CFP® — *Certified Financial Planner*, uma das mais reconhecidas mundialmente para os profissionais que atuam como: consultor financeiro e/ou *Financial Advisor*.

O planejamento financeiro é um processo, não um documento ou produto. O objetivo do planejamento financeiro é ajudar a maximizar o seu potencial. O objetivo do planejamento financeiro é desenvolver e cumprir metas.

---

1. Entidade que estabelece os padrões e normas do processo de planejamento financeiro no mundo, com sede na cidade de Denver, Colorado, Estados Unidos.

Os elementos relevantes das circunstâncias pessoais e financeiras do planejamento financeiro, variam de pessoa para pessoa e podem incluir a necessidade ou desejo de:

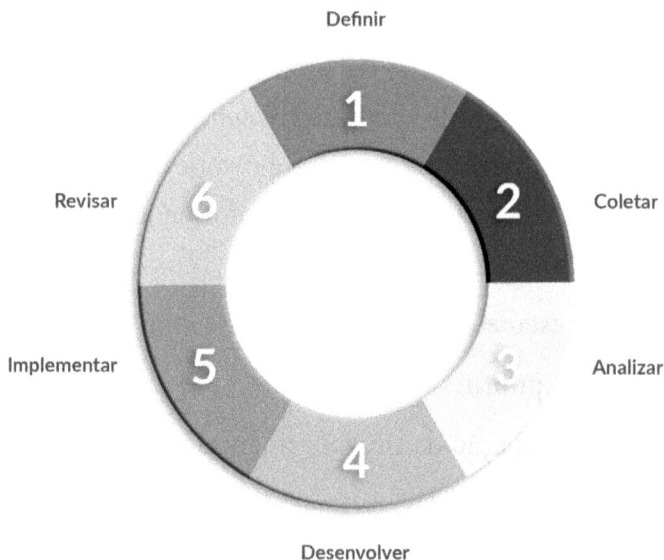

Figura 1 – O Processo do Planejamento Financeiro
Fonte: https://www.fpsb.org/about-financial-planning/
Arte: VLM Press

a. Desenvolver metas;

b. Gerenciar ativos e passivos;

c. Gerenciar fluxo de caixa;

d. Identificar e gerenciar riscos;

e. Identificar e gerenciar o efeito financeiro de considerações de saúde;

f. Fornecer necessidades educacionais;

g. Obter segurança financeira;

h. Preservar ou aumentar a riqueza;

i. Identificar considerações fiscais;

j. Preparar-se para a aposentadoria;

k. Perseguir interesses filantrópicos;

l. Abordar questões imobiliárias e de herança.

As áreas de assunto do planejamento financeiro são os campos de assunto básicos abordados no processo de planejamento financeiro que normalmente incluem, mas não estão limitados a:

- Preparação e análise de demonstrativos financeiros, incluindo análise/planejamento e orçamento de fluxo de caixa;

- Planejamento educacional;

- Planejamento de seguros e gerenciamento de riscos;

- Planejamento de benefícios a funcionários;

- Planejamento de investimentos;

- Planejamento de imposto de renda;

- Planejamento de aposentadoria;

- Planejamento imobiliário.

O plano financeiro, pode ser um plano abrangente que incorpore elementos de todas, ou da maioria das áreas de planejamento financeiro de maneira integrativa, para ajudar uma pessoa a atingir várias metas. Ou um plano financeiro pode ser um plano modular com foco restrito, que cobre apenas áreas limitadas.

Os imigrantes constituem uma parcela crescente da população dos EUA. No entanto, quando comparados com os americanos, os residentes estrangeiros são menos propensos a participar de programas formais de poupança para aposentadoria e possuem níveis mais baixos de alfabetização financeira. Os imigrantes contam com três barreiras em potencial: proficiência limitada em inglês, falta de experiência nos EUA e expectativa de migração de retorno.

Hoje, um em cada nove indivíduos que vivem nos EUA, nasceu no exterior. Enquanto o número de residentes estrangeiros continua a crescer, até que ponto essa população pode participar da vida econômica deste país? Essa é uma questão cada vez mais importante. Em particular, é importante entender como os imigrantes diferem dos nativos no que se refere ao uso de recursos financeiros e dos serviços, que terão implicações diretas no padrão de acumulação de riqueza a longo prazo e sua capacidade de manter os níveis de consumo diante de dificuldades econômicas.

No geral, os imigrantes têm muito mais probabilidade de se tornarem pessoas sem participação efetiva no mercado financeiro americano, quando comparados com as famílias nativas. Muitos imigrantes, possuem somente uma conta corrente (*checking account*) no banco, sem utilizar outros serviços, tais como cartão de crédito e também sem realizar investimentos ou estabelecer uma conta em algum programa qualificado de aposentadoria, tais como 401(k) ou até mesmo uma conta de aposentadoria, popularmente conhecida aqui nos EUA como IRA – *Individual Retirement Account*. A grande maioria da classe média americana possui estes instrumentos. Não se preocupe, irei explicar estes conceitos detalhadamente nos próximos capítulos.

O estabelecimento de metas é importante e costuma ser usado para medir o sucesso. No entanto, simplesmente definir metas não garante que algum dia você as cumpra. Atingir metas requer estabelecer um plano. O planejamento é uma ferramenta importante para garantir que você tenha uma direção em suas ações diárias. O estabelecimento de um plano certamente o ajudará a orientar as decisões que você toma para ajudá-lo a alcançar seus objetivos. Quanto mais altos seus objetivos estiverem, é a partir daí, que você deve começar a jornada para atingi-los; e ter um plano pode garantir seu sucesso em alcançá-los. Nunca esqueça disso. Você pode não consultar um mapa para uma ida à padaria do seu bairro, mas certamente precisará de instruções, ou um plano para a realização de uma viagem de férias em Nova York, por exemplo.

Quando trata-se de objetivos financeiros pessoais, muitos podem ser de longo prazo. Liquidar o seu empréstimo estudantil (*student loans*), adquirir um carro novo ou liquidar o *mortgage* (como são chamados os financiamentos imobiliários nos EUA) da sua casa não acontece em um mês, ou seja, são objetivos que levam um certo tempo para serem concluídos. Aposentadoria é uma meta ainda mais a longo prazo. Imigração pode ser considerado um objetivo de médio prazo. Ninguém decide mudar-se para um país estrangeiro de uma hora para outra, isso também leva um certo tempo, até que a decisão seja tomada. Quando as questões são financeiras, o planejamento é de suma importância. A criação de um plano financeiro pessoal possui seis etapas básicas:

1. Identifique a sua situação financeira atual;
2. Desenvolva seus objetivos financeiros;
3. Defina cursos de ação alternativos;
4. Avalie as alternativas;
5. Crie e implemente seu plano de ação financeiro;
6. Revise e monitore o seu plano financeiro.

Nunca é cedo para começar o planejamento. De fato, quanto mais cedo você começar a planejar seu futuro financeiro, mais rapidamente alcançará seus objetivos. Albert Einsten dizia que "*os juros compostos são a mais poderosa força do universo e a maior invenção da humanidade, porque permite uma confiável e sistemática acumulação de riqueza*". Devido à natureza dos juros e da sua composição associada ao investimento, o início precoce pode trazer grandes benefícios.

Quanto mais cedo você iniciar os seus investimentos, maior será o crescimento deles. Por exemplo, se você investir US$ 5 mil hoje e receber uma taxa de juros composta anual de 6%, seu investimento aumentará para aproximadamente US$ 10 mil em 12 anos. Dentro de 24 anos, o investimento de US$ 5 mil aumentaria para US$ 20 mil e dentro de 36 anos para US$ 40 mil. Enquanto que o mesmo investimento de US$ 5 mil, capitalizados a mesma taxa de 6% ao ano, feito aos 48 anos só atingiria o montante de US$ 10 mil aos 60 anos, o mesmo investimento feito aos 24 anos atingiria US$ 40 mil na mesma idade de 60 anos, ou seja, um resultado 4 vezes maior, com a mesma taxa de remuneração, o diferencial foi o tempo. Como você pode ver, certamente é vantajoso começar a planejar o seu futuro financeiro o mais cedo possível. Isto também se aplica perfeitamente ao seu planejamento imigratório.

Capítulo 3

IDENTIFICANDO A SUA SITUAÇÃO FINANCEIRA ATUAL

Quando penso que cheguei ao meu limite,
descubro que tenho forças para ir além.

Ayrton Senna

A primeira etapa para o desenvolvimento do seu planejamento financeiro é identificar a sua situação financeira atual. Antes de começar a definir metas e desenvolver estratégias para alcançá-las, é importante entender onde você está agora. Ter um entendimento completo da sua situação financeira atual, ajudará você a formular objetivos realistas e adequados. Examinar detalhadamente sua situação, pode também ajudar na identificação de ações específicas, que você poderá realizar para mudar sua situação e ajudá-lo a alcançar os objetivos que serão definidos posteriormente no processo de planejamento.

Para conseguir identificar a sua real situação financeira, será necessário calcular o *Net Worth*, termo em inglês que define a riqueza de uma determinada pessoa ou família.

Conceitualmente falando, trata-se do patrimônio líquido de determinada pessoa ou família.

A Revista Forbes é famosa por calcular periodicamente a lista dos homens mais ricos do mundo, e para chegar a esta conclusão, eles fazem o cálculo do *Net Worth* de cada bilionário e atualizam o ranking periodicamente. Como perceberá a seguir, são vários os elementos levados em consideração.

Para calcular seu patrimônio líquido (*net worth*), você precisará calcular o Balanço Patrimonial Pessoal (*Personal Balance Sheet*). Um balanço pessoal, é uma espécie de fotografia instantânea da sua posição financeira em um determinado momento, geralmente no final do ano ou de um mês. Ele também é conhecido como Demonstração da Posição Financeira. Um balanço lista seus ativos (*assets*) e passivos (*liabilities*), para calcular o *Net Worth*, ou seja, o seu patrimônio líquido.

Ativos são simplesmente o que você possui e que tem valor. Estes incluem: dinheiro em caixa e disponibilidades, como dinheiro físico disponível (*cash*), contas correntes (*checking accounts*) ou contas de poupança (*savings accounts*); propriedade pessoal, como patrimônio em uma casa, outros imóveis (*real estate*) ou um carro; ativos investidos, como ações (*stocks*), títulos (*bonds*), ou pensões. Os passivos incluem o valor do que você deve, incluindo cartão de crédito (*credit card*), financiamento imobiliário (*mortgage*) e dívidas pendentes.

DICA DO CONSULTOR

Como este livro é voltado para os imigrantes e contempla conteúdos da realidade americana, todos os termos técnicos também serão apresentados na língua inglesa. Isto é importante para que você já fique familiarizado com a nomenclatura da área financeira nos Estados Unidos.

O balanço recebe esse nome pelo fato de que os dois lados precisam se equilibrar ou ser iguais. O saldo é entre ativos, por um lado, e a soma dos passivos e patrimônio líquido, por outro. Os ativos no balanço patrimonial pessoal devem ser registrados usando seu valor justo de mercado, não o custo original dos ativos ou o que valerão daqui a um ano.

Os passivos podem ser listados como passivo circulante ou de longo prazo e registrados com base em seus saldos não pagos. Registros financeiros, como extratos de conta bancária, declarações fiscais, extratos de corretagem, escrituras, contratos de empréstimo, extratos de cartão de crédito e extratos hipotecários podem ser documentos úteis para reunir os dados necessários para que você possa preparar um balanço patrimonial preciso.

Ativos (Assets)

Um ativo, é qualquer coisa de propriedade de uma empresa ou indivíduo que tenha um valor de mercado determinado. Cada ativo é registrado pelo seu valor justo de mercado (*FMV – Fair Market Value*) na data indicada no balanço. Valor justo de mercado é o preço pelo qual um vendedor bem informado venderá a um comprador bem informado quando nenhuma das partes for obrigada a comprar ou vender.

Os ativos são registrados no balanço patrimonial em ordem de liquidez. Os ativos que exibem o mais alto grau de liquidez, são listados primeiro. Todos os outros ativos, são listados no balanço patrimonial em uma ordem decrescente de liquidez. Liquidez, é definida como a capacidade de converter rápida e facilmente o valor de um ativo em dinheiro sem uma concessão de preço (perda de valor de mercado). Por exemplo, vender uma ação em um portfólio converteria rapidamente a ação em dinheiro, mas se o preço da ação caísse no dia da venda, ocorreria uma perda de valor.

Existem três categorias principais de ativos em um balanço:

- **Caixa e equivalentes de caixa:** Ativos líquidos que podem ser facilmente convertidos em dinheiro.

- **Ativos de investimento:** Ativos destinados a atingir metas de longo prazo.

- **Ativos de uso pessoal:** Ativos que contribuem para a qualidade de vida das pessoas, são menos líquidos e mantidos por mais tempo.

A primeira categoria em um balanço é Caixa e seus equivalentes. O dinheiro mantido em uma conta corrente e de poupança, em uma conta do mercado monetário (*money market*), CDs (*certificate of deposits*) e talvez títulos públicos são os ativos mais líquidos, portanto, eles são registrados primeiro. Os imigrantes devem revisar esses ativos para garantir que sejam suficientes para cobrir pelo menos 6 meses de despesas fixas e recorrentes no país estrangeiro, entre elas, as despesas de moradia, alimentação, vestuário, utilidades etc.

Os ativos de investimento são registrados a seguir. Esses ativos são adquiridos para gerar renda ou crescimento ao longo do tempo; e geralmente incluem ações ordinárias (*common stocks*), títulos (*bonds*), fundos mútuos (*mutual funds*), fundos negociados em bolsa, contas de poupança de faculdades, imóveis produtores de renda, itens colecionáveis e/ou anuidades diferidas. Os ativos de investimento também incluem valores investidos em contas de aposentadoria (IRA) e planos de aposentadoria qualificados patrocinados pelo empregador (401k), o valor de um negócio, opções de ações e imóveis, além de outros ativos de negócios.

Se uma apólice de seguro de vida (*life insurance*) tem um elemento de poupança que se acumula ao longo do tempo, isso é referido na apólice como uma "conta de valor em dinheiro", em inglês o termo denominado é *cash value*. É classificado no balanço como um ativo de investimento. Uma apólice de seguro de vida permanente é um exemplo de apólice com um componente de valor em dinheiro.

Algumas pessoas podem considerar o *cash value* de uma apólice de seguro de vida permanente como um ativo líquido, porque o proprietário pode pedir empréstimos contra o valor em dinheiro. No entanto, não é um ativo tão líquido quanto outros ativos em caixa, devido à documentação necessária para acessar os fundos, e normalmente há cobranças de resgate por saques.

O valor em dinheiro (*cash value*) geralmente não é usado para necessidades de curto prazo, uma vez que o seguro de vida permanente é usado principalmente como um ativo de investimento para atender às metas de planejamento de longo prazo.

ATENÇÃO: Os quadros e exemplos são apresentados em inglês, para que você já aprenda como são estruturadas as demonstrações financeiras nos EUA. Repare que os milhares são separados por vírgula e não por ponto.

NET WORTH – PATRIMÔNIO LÍQUIDO PESSOAL

O *net worth* é a diferença entre o total de ativos e o total de passivos. Representa a quantia disponível para uma família se essa família vender todos os seus ativos pelos valores considerados no demonstrativo e pagar todas as suas responsabilidades junto a credores.

Essa forma de medição é a melhor estimativa da riqueza e da força financeira de uma pessoa.

DICA DO CONSULTOR

Ao construir o seu balanço patrimonial pessoal, a estimativa do valor justo de mercado de seus ativos fixos serão suficientes, porque eles normalmente não são usados para financiar as metas financeiras. Por exemplo, geralmente as pessoas não pretendem vender sua casa e nem suas joias para arcar com o seu projeto imigratório. No entanto, se o seu objetivo é vender um ativo de uso pessoal para financiar suas metas financeiras e/ou seu projeto imigratório, ele deve ser avaliado profissionalmente.

Conforme o demonstrativo na página 41, o patrimônio líquido da Família Silva em 31 de dezembro de 2019 era de $323,000. Esse valor foi calculado subtraindo o total de ativos ($600,000) do total de passivos ($277,000). O patrimônio líquido pessoal desempenha um papel crucial na estimativa da força financeira; portanto, precisamos entender como isso pode mudar de um período para o outro.

O patrimônio líquido pode ser alterado de três maneiras:

- Contribuição positiva ou negativa para a poupança;
- Aumentar ou diminuir os ativos;
- Redução ou aumento da dívida.

Um aumento no valor justo de mercado (*FMV – fair market value*) de uma casa em relação ao preço original de compra, também aumentará o seu *net worth*, porque o *net worth* se aprecia quando o valor de um ativo aumenta.

Por exemplo, investimentos que se valorizam com o tempo aumentarão o patrimônio líquido. O pagamento antecipado de uma hipoteca reduz o passivo por esta hipoteca pendente que aumenta o patrimônio líquido. Os ativos recebidos como doação ou herança também aumentarão o patrimônio líquido.

Exemplo de um Balanço Patrimonial Pessoal da Família Silva em 31 de dezembro de 2019.

ASSETS – ATIVO	
Cash and cash equivalents:	
Checking Account Balances — Saldo em conta corrente	$5,000
Savings Account — Conta poupança	$10,000
CD — Certificado de Depósito Bancário	$15,000
Total Cash Equivalents — Total em Caixa e Disponibilidades	$30,000
Investment Assets:	
Common Stocks [1] — Ações ordinárias	$16,000
Mutual Funds [1] — Fundos mútuos	$20,000
Cash Value of Life Insurance — Valor em dinheiro no Seguro de Vida	$10,000
401(k) — Plano de Aposentadoria	$40,000
Individual Retirement Account — Conta para aposentadoria	$14,000
Total Investment Assets – Total de ativos de investimentos	$100,000
Personal Use Assets:	
Residence — Residência	$400,000
Automobiles BMW 2019 — veículos	$30,000
Art Collection — Coleção de Arte	$10,000
Other Personal Use Assets — Outros Ativos pessoais	$30,000
Total Personal Use Assets — Total de ativos pessoais	$470,000
Total Assets — Total de Ativos	$600,000
LIABILITIES — PASSIVO	
Current Liabilities:	
Credit Card Balances Due [2] — Dívida no cartão de crédito	$8,000
Estimated Taxes Due — Dívidas com impostos	$1,000
Auto Loans — Financiamentos de veículos	$5,000
Total Current Liabilities — Total de Passivo Circulante	$14,000
Long-Term Liabilities:	
Mortgage Loan — Financiamento imobiliário	$255,000
Loans on Life Insurance Policies — Empréstimos na apólice de Seguro de Vida	$8,000
Total Long — Term Liabilities — Total de Passivos de Longo Prazo	$263,000
Total Liabilities — Total de Passivos	$277,000
Net Worth — Patrimônio Líquido Pessoal	$323,000
Footnotes — Notas explicativas:	
[1] Os ativos são demonstrados pelo valor justo de mercado	
[2] Os passivos são demonstrados apenas pelo valor do principal	

O dinheiro usado para quitar dívidas de contas correntes, poupança, ou outros equivalentes de caixa, não aumenta o patrimônio líquido pessoal porque os ativos diminuem em um valor igual ao passivo.

Por exemplo, as saídas de caixa para aumentar a poupança ou financiar planos de aposentadoria não resultarão em aumento do patrimônio líquido, porque o caixa é reduzido igual ao valor da contribuição.

Exemplo da compra de veículo

Imagina que a Família Silva deseja adquirir um veículo e, portanto, decide retirar $5,000 da conta poupança para comprar um novo carro no valor de $20,000. Ela obtém um financiamento no valor de $15,000 com prazo de 5 anos para complementar a diferença.

Acompanhe a alteração de ativos:

- Subtrair $5,000, de caixa e equivalentes, para a retirada.

- Adicionar $20,000 aos ativos de uso pessoal (novo veículo).

- Alteração líquida: os ativos aumentam $15,000.

Acompanhe a mudança no passivo:

Os passivos (a longo prazo) aumentam $15,000 em financiamento de veículos.

A variação líquida de ativos é igual à variação líquida de passivos, portanto, nenhuma alteração no patrimônio líquido (*net worth*).

Net Worth = (ativos) $615,000 − (passivos) $292,000 = (*net worth*) $323,000

Demonstrativo de Fluxo de Caixa – Cash Flow Statement

A demonstração do fluxo de caixa reflete todas as entradas e saídas de dinheiro. A demonstração do fluxo de caixa informa de onde veio e para onde foi o seu dinheiro ao longo de um período, geralmente um ano. Mas é importante acompanhar mensalmente a evolução do seu fluxo de caixa.

Demonstrativo de Fluxo de Caixa Pessoal – Personal Statement of Cash Flow

O objetivo do demonstrativo do fluxo de caixa pessoal, é identificar os padrões de gastos e receitas discricionárias disponíveis para atender às suas metas financeiras. A demonstração do fluxo de caixa, também oferece a oportunidade de revisar o seu desempenho financeiro no período passado e de orçar receitas e despesas para o próximo período.

A demonstração do fluxo de caixa complementa o balanço, porque quando esses documentos são analisados em conjunto, eles podem identificar maneiras de aumentar o fluxo de caixa livre; aumentar ativos e diminuir passivos, especialmente passivos que não são eficientes em termos fiscais. A análise do fluxo de caixa, fornece um método confiável para monitorar e acompanhar o progresso de uma pessoa em direção a atingir seus objetivos financeiros.

Uma demonstração do fluxo de caixa pode demonstrar o seguinte:

- Se você está gastando muito o seu dinheiro. A demonstração do fluxo de caixa mostra para onde seu dinheiro está indo, para que você possa identificar rapidamente as áreas problemáticas.

- Se você está comprometendo demais a receita com pagamento das dívidas.

- Se você tem excesso de dinheiro disponível, que pode ser usado para apoiar as metas de economia e de investimentos.

- Se as metas financeiras de uma pessoa precisam ser priorizadas ou modificadas.

A demonstração do fluxo de caixa, reflete todo o dinheiro recebido (chamado de entradas) e o dinheiro pago (chamado de saídas); e as entradas deverão ser iguais às saídas, levando em consideração que os valores poupados serão classificados como saídas para poupança ou investimento. A demonstração do fluxo de caixa informa de onde veio e para onde foi o dinheiro ao longo de um período.

Geralmente se apura anualmente e com acompanhamento mensal. Em uma declaração pessoal de fluxos de caixa, a maioria das entradas é proveniente da renda. A renda pode vir do emprego ou de investimentos. As entradas também podem vir de outras fontes passivas, como aluguéis, *royalties*, *trusts*, herança, pensão alimentícia e bolsas de estudo.

A maioria das saídas é decorrente das despesas. As despesas, podem ser categorizadas como fixas ou variáveis ou podem ser divididas em categorias mais específicas, como: despesas de estilo de vida, impostos, seguros ou despesas discricionárias.

Independentemente da categorização de suas despesas, normalmente há uma categoria relacionada à poupança e investimentos dentre as saídas. Como a compra de uma casa, ou a locação de um carro, incorrerá em despesas fixas e variáveis adicionais, a demonstração do fluxo de caixa será impactada por ambas as decisões de compra e locação.

A demonstração do fluxo de caixa, difere de um orçamento ou de um plano de gastos. Um orçamento é simplesmente uma projeção de quanto uma pessoa ganhará e gastará em um determinado período, enquanto a demonstração do fluxo de caixa reflete o consumo real.

Embora seja importante para a maioria das pessoas ter um orçamento, quando chegar a hora de um planejamento sério, uma declaração completa de receitas e despesas, deve ser usada para gerar a base do planejamento financeiro. A quantidade de detalhes incluídos na demonstração do fluxo de caixa, pode variar de acordo com complexidade financeira de cada pessoa ou família.

Preparando o fluxo de caixa pessoal

Uma demonstração pessoal dos fluxos de caixa segue a fórmula:

Renda (*Income*) – Despesas (*Expenses*) = Fluxo de Caixa Livre (*Free Cash Flow*).

Despesas

As despesas na demonstração do fluxo de caixa são frequentemente classificadas como fixas e variáveis.

Despesas Fixas

As despesas fixas são geralmente definidas como despesas correntes, sobre as quais você tem pouco controle. Elas são recorrentes e você precisa pagá-las todos os meses.

As dívidas parceladas, são classificadas como despesas fixas. Dívidas parceladas, são as que têm pagamentos com base em um prazo específico, um valor original do empréstimo e uma taxa de juros a partir da qual um pagamento mensal é calculado. Empréstimos para compra de veículos, financiamento estudantil e financiamento imobiliário (*mortgage*); são exemplos de dívidas parceladas, classificadas como despesas fixas.

Exemplos de despesas mensais fixas, na demonstração do fluxo de caixa da Família Silva incluem: pagamentos de financiamento imobiliário (*mortgage*) de $2,200, pagamentos de prestações de automóveis de $550 e, talvez, prêmios de seguro de vida de $100.

Outras despesas podem ser mais difíceis de distinguir como despesas fixas versus variáveis. Por exemplo, sabemos que uma pessoa deve pagar imposto de renda a cada ano, mas o valor devido será diferente a cada ano. Normalmente, os impostos imobiliários (*property taxes*), os prêmios de seguro e os pagamentos regulares repetidos para empréstimos pessoais ou itens de manutenção residencial, são considerados despesas fixas.

Você verá que a demonstração do fluxo de caixa da Família Silva, divide suas saídas de caixa não em categorias fixas e variáveis, mas em categorias mais reconhecíveis de despesas, tais como: moradia, transporte, despesas com alimentação e outras. O motivo é que a apresentação dos dados na demonstração do fluxo de caixa deve fazer sentido para cada pessoa que a elabora e analisa.

DICA DO CONSULTOR

Depois de preparar uma demonstração dos fluxos de caixa para o ano, é importante revisar essas informações antes de prosseguir com a análise do plano financeiro, de forma que você tenha a oportunidade de fazer as alterações que considerar apropriadas. Por exemplo, você pode ter subestimado parte de seus gastos e deseja modificar a demonstração do fluxo de caixa antes de continuar. Da mesma forma, às vezes os dados mostram uma situação de déficit orçamentário em que a saída de caixa mensal excede a renda disponível. Nesse caso, você pode estar acumulando dívidas adicionais todo mês ou pode simplesmente ter exagerado parte de seus gastos. Organizar os seus dados de gastos em uma declaração pessoal de fluxos de caixa te ajudará a esclarecer quaisquer discrepâncias.

Despesas variáveis

Despesas variáveis, são despesas sobre as quais você pode ter algum controle e que podem diferir em quantidade e/ou frequência quando ocorrem. Exemplos de despesas variáveis podem incluir alimentos, roupas, imposto de renda, compra de móveis, lazer e férias; e despesas odontológicas e médicas que não são pagas por meio de plano de saúde.

Algumas despesas variáveis podem ser pagas de forma a se tornarem despesas fixas. Por exemplo, o uso de gás e eletricidade, podem ser cobrados em pagamentos mensais iguais, independentemente das variações sazonais.

Algumas despesas variáveis podem mudar junto com as alterações em sua renda. Por exemplo, se você usa seu carro no trabalho e trabalha mais horas durante um período, as despesas com seu carro aumentam à medida que sua renda aumenta.

Poupança e Investimentos

Este é um item fundamental para a realização dos seus sonhos e projetos imigratórios. A poupança ocorre quando você decide proativamente alocar parte de sua renda existente, para as metas financeiras de longo prazo, em vez de usá-la para financiar seu estilo de vida atual ou reduzir suas dívidas existentes.

Poupanças e saídas para investimentos devem compor o seu quadro de despesas e podem resultar de:

- Contribuições para planos de aposentadoria qualificados.

- Outras investimentos depositados em contas de poupança e investimentos que não são de aposentadoria.

Você notará que a Família Silva listou suas saídas para poupança e investimentos como $10,800 por ano em contas para poupança e investimentos, correspondente a 10% do rendimento bruto da família.

ANÁLISE DA SUA SITUAÇÃO FINANCEIRA

Por si só, os números no seu balanço e na demonstração do fluxo de caixa são úteis e informativos, mas não informam tudo o que você precisa saber sobre sua saúde financeira. Ao invés disso, você precisa de ferramentas para ajudá-lo a interpretar o significado desses números, conhecidos como indicadores financeiros.

Indicadores Financeiros

Os índices financeiros fornecem um "diagnóstico" de quão bem uma pessoa está gerenciando suas finanças. Os dados registrados no balanço patrimonial e na demonstração do fluxo de caixa, podem ser analisados e comparados com as normas padrão, para determinar onde as variações podem ocorrer. Os dados desses documentos financeiros e de índices financeiros, podem ser comparados com dados financeiros anteriores, para determinar se a sua posição financeira está melhorando e se você permanece no caminho certo para atingir suas metas financeiras. Os dados e índices financeiros, também podem ser analisados para fornecer projeções direcionadas para atender às suas metas futuras.

DICA DO CONSULTOR

Ajustar esses números é um dos maiores desafios nos estágios iniciais do processo de planejamento financeiro. Pense em seus próprios gastos e em quão difícil seria contabilizar com precisão todos os valores gastos anualmente ou mensalmente. Por esse motivo, faz sentido organizar as suas informações em um formato como o apresentado neste livro, para que fique claro e fácil de entender.

DEMONSTRATIVO DE FLUXO DE CAIXA – AS DESPESAS DA FAMÍLIA SILVA			
DESPESAS	VALOR ANUAL	VALOR MENSAL	PROPORÇÃO
Housing – Moradia			
Rent – Aluguel	0.00	0.00	0.0%
Mortgage Payments – Financiamento imobiliário	26,400.00	2,200.00	24.4%
Maintenance – Manutenção	3,600.00	300.00	3.3%
Total Despesas com moradia	**30,000.00**	**2,500.00**	**27.8%**
Transportation – Transporte			
Automobile Loan – Financiamento de veículos	6,600.00	$550.00	6.1%
Gas, Oil and Other Repairs – Combustível	2,400.00	$200.00	2.2%
License, Parking and Other Auto – Emplacamento, etc	360.00	$30.00	0.3%
Total Despesas com Transporte	**9,360.00**	**780.00**	**8.7%**
Food – Alimentação			
Food and beverages – Comida e bebidas	8,400.00	700.00	7.8%
Household Supplies – Suprimentos da casa	1,200.00	100.00	1.1%
Other – Outros	600.00	50.00	0.6%
Total Despesas com Alimentação	**10,200.00**	**850.00**	**9.4%**
Utilities – Utilidades			
Telephone – Telefone	1,800.00	150.00	1.7%
Gas and Electric – Gás e Luz	1,800.00	150.00	1.7%
Water and Sanitation – Água	600.00	50.00	0.6%
Cable TV – TV a cabo	960.00	80.00	0.9%
Others – Outros	0.00	0.00	0.0%
Total Despesas com Utilidades	**5,160.00**	**430.00**	**4.8%**
Taxes – Impostos			
Payroll[1] – Impostos sobre salário	18,360.00	1,530.00	17.0%
Real estate and Personal Property – IPTU	3,000.00	250.00	2.8%
Others – Outros	0.00	0.00	0.0%
Total Despesas com Impostos	**21,360.00**	**1,780.00**	**19.8%**
Insurance – Seguros			
Health – Plano de Saúde	6,000.00	500.00	5.6%
Life – Seguro de Vida	1,200.00	100.00	1.1%
Property and Liability – Seguro de propriedade	600.00	50.00	0.6%
Automobile – Seguro de veículo	1,620.00	135.00	1.5%
Total Despesas com Seguros	**9,420.00**	**785.00**	**8.7%**
[1] Os impostos sobre a folha de pagamento são baseados em 17% retidos dos salários brutos			

DEMONSTRATIVO DE FLUXO DE CAIXA - AS DESPESAS DA FAMÍLIA SILVA			
Leisure And Entertainment - Lazer e Entretenimento			
Theater and Sporting Events - Eventos em geral	1,200.00	100.00	1.1%
Health Club Membership - Spa e academias	240.00	20.00	0.2%
Newspapers, Magazines - Jornais e Revistas	120.00	10.00	0.1%
Vacations - Viagens de férias	1,800.00	150.00	1.7%
Others - Outros	720.00	60.00	0.7%
Total Despesas com Lazer e Entretenimento	**4,080.00**	**340.00**	**3.8%**
Clothing - Vestuário			
New Clothing - Novas roupas	1,800.00	150.00	1.7%
Laundry and Dry Cleaning - Lavagem	360.00	30.00	0.3%
Others - Outros	0.00	0.00	0.0%
Total Despesas com Vestuário	**2,160.00**	**180.00**	**2.0%**
Others - Outros			
Gifts and Charitable Contributions - Caridade	2,400.00	200.00	2.2%
Personal Care - Artigos pessoais	720.00	60.00	0.6%
Babysitters - Babá e serviços domésticos	1,200.00	100.00	1.1%
Miscellaneous - Despesas diversas	1,140.00	95.00	1.1%
Total de Outras Despesas	**5,460.00**	**455.00**	**5.0%**
Savings - Poupança			
Retirement - Reserva para aposentadoria	6,000.00	500.00	5.6%
Non-Retirement (Savings Account) - Poupança	4,800.00	400.00	4.4%
Total para poupança e investimentos	**10,800.00**	**900.00**	**10.0%**
Total Geral de Despesas	**108,000.00**	**9,000.00**	**100.0%**

Depois que o balanço e as demonstrações do fluxo de caixa são construídos, é possível interpretar as descobertas. Um índice financeiro, é usado para ajudá-lo a entender melhor a sua posição financeira, além de avaliar a liquidez (receita adequada para cobrir as despesas) e solvência (ativos adequados para cobrir as obrigações e dívidas).

Os índices financeiros, fornecem uma medida quantitativa da sua situação financeira em relação a algum referencial de mercado (benchmark) para servir de comparação. Dessa forma, os índices são usados para identificar e "diagnosticar" problemas ou questões não evidentes nas demonstrações financeiras.

COMPREENDENDO OS INDICADORES FINANCEIROS

Índice de liquidez corrente:

Compara o valor dos ativos circulantes (líquidos) com os passivos circulantes encontrados em um balanço patrimonial. Ele mede a liquidez e a capacidade de uma pessoa cobrir as despesas atuais. A meta recomendada para esse índice é entre 1,0 e 2,0.

Muitas pessoas buscam um índice acima de 2,0, porque isso cria uma rede de proteção maior, quando seus ativos líquidos são duas vezes maiores que seus passivos circulantes. Mais importante do que o nível da taxa atual é sua tendência – está subindo ou descendo? Se estiver em baixa, você precisará encontrar a causa.

Usando o Balanço da Família Silva, podemos determinar sua proporção atual, $30,000 ativos monetários líquidos/$14,000 (passivo circulante) = 2,14

Portanto, a Família Silva tem liquidez maior que a média, uma vez que o índice atual é de 2,14, que está acima de 2,0.

Índice de Fundo de Emergência:

Demonstra a capacidade da família suportar dificuldades financeiras. Ele compara o ativo circulante ao custo de vida mensal (despesas não discricionárias) para determinar quantos meses uma família pode permanecer solvente e cobrir o custo de vida com os seus ativos circulantes.

Usando o balanço patrimonial e a demonstração do fluxo de caixa da Família Silva, podemos determinar a proporção do fundo de emergência de $30,000 em ativos líquidos monetários no balanço/$9,000 de despesas mensais totais da demonstração do fluxo de caixa = 3,33 meses. A proporção do fundo de emergência está abaixo do mínimo de 6 meses para cobrir os gastos fixos recorrentes da família.

Observe que o denominador também pode ser reduzido (aumentando o resultado do índice), removendo as despesas mensais (por exemplo, despesas com lazer e entretenimento), que podem ser eliminadas durante um período de estresse financeiro, como perda de emprego. Isso pressupõe que a intenção da família é de reduzir os gastos durante esse período, que geralmente é um plano de ação prudente.

Endividamento de Longo Prazo

Índice de cobertura de dívida a longo prazo (*Long-term debt coverage ratio*) – Relaciona a quantidade de fundos disponíveis para pagamento da dívida, em relação ao tamanho das prestações da dívida. Essa proporção, é o número de vezes que você pode efetuar seus pagamentos de dívidas com sua renda atual. O índice é calculado dividindo-se o total de pagamentos anuais de dívida a longo prazo pelo da renda bruta anual. O índice de cobertura da dívida a longo

DICA DO CONSULTOR

Para incentivá-lo a economizar, faça da poupança um item de linha de despesa na demonstração do fluxo de caixa, em vez de esperar para ver se há receita restante depois que todas as despesas foram pagas. Isto vai te ensinar a pagar-se primeiro e o ajudará a economizar para atingir seus objetivos. Um bom ponto de partida é separar no mínimo 10% da sua receita bruta para economizar pensando no seu futuro. As pessoas sempre me perguntam a respeito de um referencial básico de fluxo de caixa mensal. Depois de anos de estudo e milhares de atendimentos como consultor financeiro, um bom padrão a seguir é o seguinte:

50% com gastos essenciais, como: moradia, alimentação, contas de consumo, alimentação, locomoção, educação, saúde.

30% com gastos variáveis, como: lazer, viagens, roupas, troca de carro, celular etc. Nestes você tem oportunidades de ajustes.

20% para economizar, como: reserva financeira. Construa reservas de emergência e faça investimentos para multiplicar o seu dinheiro.

prazo concentra-se em obrigações de longo prazo, como pagamentos de hipotecas residenciais (*mortgage*), pagamentos de financiamento de veículos (*auto loans*), pagamentos de empréstimos estudantis (*student loans*) e quaisquer outras obrigações de crédito de longo prazo.

Seu total de pagamentos pendentes de dívida a longo prazo exclui empréstimos de curto prazo, como: pequenos saldos de cartão de crédito e contas correntes. No entanto, se a dívida do seu cartão de crédito ficou grande o suficiente, ela também representa uma obrigação de dívida a longo prazo. O índice de cobertura de dívida a longo prazo deve ser sempre superior a 2,5.

Usando a demonstração do fluxo de caixa da Família Silva, podemos determinar o índice de cobertura de dívida a longo prazo, $89,640 ($108,000 (renda bruta) – $18,360 (impostos))/$33,000 ($26,400 casa + $6,600 carro) = 2,72. Este índice é superior ao número de referência de 2,5.

"Front-end" mortgage ratio – O Freddie Mac e outros financiadores de hipotecas, recomendam que suas despesas mensais com moradia não excedam 28% da renda mensal bruta, para se qualificar a uma hipoteca residencial ou uma linha de crédito para aquisição de imóveis nos Estados Unidos. As despesas mensais com moradia consistem em principal, juros, impostos prediais e seguros; conhecido como *PITI* (*principal, interest, taxes, and insurance*).

"Back-end" mortgage ratio – Freddie Mac[1] sugere que seu total de pagamentos mensais da dívida, incluindo despesas de moradia (PITI), não exceda 33 a 36% da sua renda mensal bruta. Dívidas que excedem esse valor, podem resultar em um empréstimo menor para o mutuário.

1. Freddie Mac é uma empresa pública que comercializa hipotecas e títulos lastreados. É um codinome da Federal Home Loan Mortgage Corporation ou FHLMC. Para maiores informações acesse em: < http://www.freddiemac.com/ >

Usando a demonstração do fluxo de caixa da Família Silva, podemos calcular os dois principais índices para qualificação de um financiamento imobiliário nos EUA, considerando que eles fossem comprar uma nova casa hoje. Suponha, neste exemplo, que os impostos sobre a propriedade e os custos do seguro de proprietários (*homeowners insurance*) sejam iguais a $300 por mês.

Front-end mortgage ratio – Pagamento mensal total da hipoteca $2,500/Renda mensal total $9,000 = 27,8%, abaixo do limite de 28%.

Esta tabela identifica alguns índices financeiros comumente usados.

Indicador	Fórmula	Benchmark
Liquidez Corrente	$\dfrac{\text{Ativo Circulante}}{\text{Passivo Circulante}}$	> 1.00
Endividamento	$\dfrac{\text{Total do Passivo}}{\text{Total dos Ativos}}$	< 40%
Fundo de Emergência	$\dfrac{\text{Ativo Circulante}}{\text{Despesas mensais fixas de sobrevivência}}$	6 a 12 meses
Poupança	$\dfrac{\text{Valor poupado por ano}}{\text{Renda Bruta anual}}$	> 10%
Crédito utilizado	$\dfrac{\text{Total de crédito utilizado}}{\text{Total de limite de crédito}}$	< 30%
Long-term debt coverage ratio (Índice de cobertura de dívida de longo prazo)	$\dfrac{\text{Renda bruta anual - impostos}}{\text{Total anual de pagamento de dívidas de longo prazo}}$	> 2.50
"Front-end" mortgage ratio	$\dfrac{\text{Valor do pagamento anual do mortgage (PITI*)}}{\text{Renda Bruta Anual}}$	< 28%
"Back-end" mortgage ratio	$\dfrac{\text{Valor do pagamento anual do mortgage (PITI*) e créditos}}{\text{Renda Bruta Anual}}$	< 36%

* Principal, interest, taxes, and insurance (Principal, juros, impostos e seguros)

Back-end mortgage ratio – Renda mensal \$9,000 x 0,36 = \$3,240. Subtraia o pagamento mensal da hipoteca de \$2,500 e a Família Silva pode ter \$740 em dívida mensal além dos custos da hipoteca e ainda se qualificar para um empréstimo hipotecário.

Como podemos perceber, a identificação da situação financeira é a primeira etapa para a elaboração de um consistente planejamento financeiro. Identificar a sua situação financeira, pressupõe apurar o balanço patrimonial pessoal ou familiar, como também o seu demonstrativo de fluxo de caixa pessoal ou familiar. Estes dois demonstrativos, juntamente com os cálculos dos indicadores apresentados neste capítulo, irão ajudá-lo a diagnosticar a sua real situação financeira, além de servir como base para o desenvolvimento dos seus objetivos financeiros.

Se você dedicar uma parte do dia para fazer a contabilização das suas receitas e despesas, esse processo de apuração dos demonstrativos será bem natural. Para isso, recomendo o uso de planilhas em Excel ou até mesmo softwares especializados. Hoje em dia não há desculpa, você pode controlar as suas finanças até mesmo usando o smartphone. Controlar as suas finanças, dará a você uma visão mais apropriada sobre os hábitos de consumo, perfil e peridiocidade de receitas e despesas, além de informá-lo se está progredindo ou não.

Comece hoje mesmo a controlar as suas finanças. O seu futuro financeiro agradece!

DICA DO CONSULTOR

Embora a meta para o fundo de emergência seja no mínimo de 6 meses, recomendamos que os imigrantes excedam essa referência acumulando economias também para cobrir pelo menos 12 meses de despesas de moradia, um dos itens mais significativos no orçamento de qualquer imigrante. Seja o pagamento do mortgage ou até mesmo do aluguel, este é um dos itens que mais consome recursos do orçamento mensal de um imigrante nos EUA.

Capítulo 4

DESENVOLVENDO OS SEUS OBJETIVOS FINANCEIROS

Se você não sabe para onde vai, todos os caminhos o levam para lugar nenhum.

Henry Kissinger

Depois de avaliar sua situação financeira atual, você estará pronto para avançar no processo de planejamento financeiro. A segunda etapa é desenvolver seus objetivos financeiros. O estabelecimento de metas fornecerá uma orientação para o seu plano e um destino para o qual você deseja ir.

Ao criar metas financeiras, convém considerar objetivos óbvios, como poupança mensal ou investimentos em aposentadoria. No entanto, considere também outros objetivos que você pode não acatar como financeiros. A meta de viajar de carro pelos Estados Unidos após a concretização da compra do veículo, pode não parecer um objetivo financeiro. Porém, ao considerar o custo de três semanas de férias pelas estradas americanas, você pode pensar em adicionar essa meta ao seu plano financeiro pessoal. Você acha que poderá precisar de um novo computador nos próximos dois anos? Talvez adicione a compra de um computador novo em dois anos à sua lista de objetivos. Antecipar as despesas futuras que gostaria de fazer e incorporá-las ao seu plano financeiro, pode ajudá-lo a se colocar em condições de pagá-las à medida que surgem, sem ter que fazer sacrifícios em outras partes do seu orçamento.

Você também deve desenvolver metas de curto, médio e longo prazo. O desenvolvimento de cada um desses tipos de metas, permitirá alcançar progressos no início do plano e, ao mesmo tempo, manter os olhos voltados para o futuro.

Objetivos de curto prazo ou intermediários também podem servir como trampolins para alcançar objetivos de longo prazo. Por exemplo, uma meta a curto prazo de economizar $200 por mês, pode ajudar a acumular fundos para o adiantamento (*down payment*) do valor para aquisição de uma casa. Um objetivo intermediário de quitar a dívida do empréstimo estudantil um ano antes do previsto, pode ajudá-lo a liberar a renda mensal que poderia ser usada para fazer o pagamento do carro.

Ao desenvolver seus objetivos, certifique-se de diferenciar necessidades e desejos. Estabeleça prioridades. Considere o seu patrimônio líquido pessoal (*net worth*), conforme calculado no capítulo anterior e como realisticamente seus objetivos se alinham à sua situação financeira atual.

Sabemos que muitas pessoas nunca escreveram seus objetivos

DICA DO CONSULTOR

Ao desenvolver seus objetivos financeiros, lembre-se que eles devem ser SMART (do inglês specific, measurable, achievable, realistic and, timely), ou seja, devem ser específicos, mensuráveis, atingíveis, realistas e baseados em determinado tempo.

antes na vida e podem considerar o processo uma tarefa complicada. Alguns podem achar difícil escolher objetivos, ou expressá-los por escrito. Mas estou aqui para ajudá-lo. Os questionários para definição de metas, apresentam perguntas estruturadas que o ajudarão a formular seus objetivos e estabelecer prioridades. Um exercício de definição de metas talvez precise ser concluído várias vezes, para garantir que as mesmas estejam alinhadas com os seus valores de vida, além de ter propósito e significado. É algo muito pessoal mesmo.

O primeiro passo no processo de definição de suas metas pessoais financeiras, é anotá-las da maneira mais específica possível. Isso deve incluir a indicação de como um objetivo será medido e atingido.

Os objetivos devem ser escritos, como declarações que permitam você visualizar o resultado esperado de maneira positiva. Por exemplo, se o seu objetivo é pagar a dívida do cartão de crédito em um ano, você poderá visualizar o efeito positivo que essa ação terá em suas finanças no próximo ano e como reduzirá seu nível atual de estresse.

A visualização de objetivos, os mantêm em mente e faz com que os objetivos a longo prazo pareçam menos remotos e mais viáveis. Quando as imagens emocionais positivas são projetadas no resultado da meta, é mais provável que sejam alcançadas.

As pessoas querem atingir seus objetivos e, sem dúvida, têm boas intenções de alcançá-los no início de um compromisso de planejamento financeiro. No entanto, entusiasmo e perseverança podem não persistir durante todo o trabalho de planejamento financeiro. Você pode se auto-motivar, realizando o exercício de visualizar os resultados desejados.

Pesquisadores da Wharton School of the University of

Pennsylvania descobriram que "recomeços" aumentam as chances de uma pessoa atingir seus objetivos. Recomeços, ocorrem no início de um novo ano, um aniversário, um feriado, o início de um novo mês ou uma nova semana.

Recomeços, proporcionam motivação para mudar nosso antigo eu "inferior" para o novo "aprimorado", adotando um novo curso de ação no dia designado. Os novos começos podem durar pouco, mas pelo menos você começará no caminho certo para atingir seus objetivos.

A próxima etapa do processo de definição de metas é atribuir uma data específica para a conclusão de cada meta. Normalmente, as metas são categorizadas por um determinado tempo para atingi-las, como:

- Curto prazo: menos de dois anos;

- Médio prazo: exigindo de dois a 10 anos;

- Longo prazo: exigindo mais de 10 anos.

Para a maioria das pessoas, é imprescindível, uma ação motivada ou proposital para perseguir e atingir uma meta. Muitas vezes é difícil para as pessoas permanecerem comprometidas com objetivos generalizados, portanto, datas específicas para concluir cada objetivo devem ser determinadas. Algumas metas, podem exigir planos de ação que listem as várias etapas envolvidas na realização de uma meta que facilite sua execução. Por exemplo, você pode procrastinar quando um objetivo é obter documentos de planejamento imigratório em três meses, mas se o próximo passo for chamar um advogado até amanhã, é bem provável que o passo seja realizado e que o objetivo principal seja bem-sucedido.

Qualquer que seja o seu objetivo é importante que você o

escreva. Algumas pessoas até criam um painel de visualização com todos os objetivos e metas. No caso do planejamento financeiro para sua jornada imigratória, coloque fotos da casa que imagina morar no seu país desejado, fotos e imagens da vizinhança, do prédio em que pretende trabalhar, dos locais que pretende visitar, entre outros elementos que o ajudarão a visualizar os seus objetivos. Tudo começa com um sonho, um desejo de adquirir ou realizar algo. A visualização ajudará você a ser criativo para achar alternativas visando a realização das metas estabelecidas.

O plano financeiro será a quantificação dos recursos necessários, além da viabilidade de atingir as metas. Não existe objetivo impossível de se atingir, o que pode acontecer é alguns projetos demorarem mais tempo para concretizar do que outros.

Priorizando Metas

Uma vez que os objetivos sejam estabelecidos, eles devem ser priorizados. Normalmente, não mais que quatro metas devem ser selecionadas para ação imediata. Metas que exigem ação imediata devem ser abordadas primeiro e, em seguida, estratégias devem ser desenvolvidas para alcançar metas complexas a longo prazo.

Os objetivos podem ser independentes ou interrelacionados. E a melhor solução para um objetivo, pode ter um efeito indesejável em outro. Para objetivos inter-relacionados, o primeiro pode precisar ser cumprido como precursor do cumprimento do segundo.

Depois que as metas são estabelecidas e priorizadas, você deve analisar a sua atual situação financeira, para avaliar se as metas podem ser alcançadas pelos recursos disponíveis. Nesta etapa, você identificará ativos adequados e disponíveis para o cumprimento das metas e determinará se são necessárias quantidades adicionais de capital.

Lembre-se de que as coisas podem mudar com o tempo, em resposta a mudanças nas circunstâncias ou quando as metas originais forem atingidas; portanto, os planos financeiros devem ser periodicamente revisados e reavaliados. Até mesmo o plano imigratório deve ser constantemente revisto, uma vez que a variável câmbio tem um peso significativo. A variação do Dólar frente ao Real é de difícil previsibilidade, gerando enormes mudanças no seu plano financeiro, de atingimento da meta de mudança de país. Nos últimos anos, o Dólar americano passou de cerca de R$2,50 para até R$5,70. Muito difícil prever quanto estará o valor do dólar daqui há um ano. Mais um motivo para a reavaliação constante do seu plano financeiro.

CALCULANDO OS VALORES NECESSÁRIOS PARA ATINGIR OS OBJETIVOS

O próximo passo no processo de definição de metas é determinar o valor atual em dólar, necessário para financiar cada meta. Você deve estabelecer algumas variáveis, como taxa de inflação projetada, taxa esperada de retorno do investimento e a sua faixa de imposto de renda; para calcular a quantia de dólares futuros realmente necessários, para atingir cada objetivo. Uma vez calculada a quantidade de poupança necessária para atender às metas, um plano pode ser desenvolvido e implementado para atingi-la.

A quantia de poupança necessária para financiar cada objetivo, pode ser calculada em uma calculadora financeira. Esse valor é o valor futuro. Também deve ser estabelecida a data em que a meta deverá ser alcançada; e a taxa de retorno do investimento líquida de inflação e impostos, deve ser projetada. Essas variáveis são necessárias para calcular a quantidade mensal necessária de poupança para atingir cada objetivo específico.

Exemplo:

Um casal quer acumular $400,000 em investimentos para financiar sua poupança para aposentadoria. Eles esperam se aposentar após 15 anos, e assumem que seus investimentos podem gerar juros compostos mensais de 5% ao ano, líquidos de impostos e inflação. Quanto o casal deve economizar no final de cada mês para atingir essa meta de investimento?

Resposta:

O casal necessita poupar o valor mensal de $1,496.51.

Depois que o valor da poupança mensal de cada meta é calculado, o valor total necessário para atender às suas metas é comparado com o total de ativos, recursos e economias disponíveis para financiá-las.

Quando ocorre um déficit, uma estratégia de poupança deve ser desenvolvida, utilizando o gerenciamento de fluxo de caixa e um orçamento, para determinar como gerar economias mensais adicionais.

A economia planejada, se tornará um item de despesa fixa, na

DICA DO CONSULTOR

O cálculo demonstrado acima pode ser operacionalizado em uma calculadora financeira HP-12C[1] , conforme segue:

$400,000 CHS FV (Future Value, que significa Valor Futuro)

5 ÷ 12 i (interest, que representa os juros)

15 x 12 = 180 n (número de pagamentos, neste caso são os números de meses em 15 anos)

PMT (Payment, que significa Prestação) = $1,496.51

---

1. Calculadora financeira icônica do mercado financeiro, desenvolvida pela empresa HP – Hewlett-Packard no ano de 1981 e ainda hoje é um padrão da indústria, utilizada mundialmente nas escolas de negócios e cursos de matemática financeira. < http:// www.hpmuseum.org >

demonstração do fluxo de caixa e no orçamento; e as estratégias para cobrir essa despesa serão incorporadas ao seu plano de fluxo de caixa.

CALCULE SUA TAXA DE POUPANÇA

O rastreamento de suas receitas e despesas é vital para o seu plano financeiro, pois permite determinar quanto dinheiro você economiza anualmente. Você só será capaz de atingir os seus objetivos, se estiver economizando um valor suficiente de sua renda. Neste exercício, você calculará sua taxa de poupança atual e aprenderá quais ajustes precisam ser feitos para atingir a taxa de economia desejada.

Etapa 1: Minha renda anual é de _____

Etapa 2: Minhas despesas anuais são de _____

Etapa 3: minha economia anual é de $ _____ (etapa 1 menos a etapa 2)

Etapa 4: economia anual $ _____ ÷ renda anual $ _____ = _____

Etapa 5: resposta da etapa 4 x 100 = taxa de economia atual ____%

Etapa 6: minha taxa de economia desejada é de __% (mínimo de 10%)

Etapa 7: para atingir minha taxa de economia desejada, preciso economizar um adicional de __% da minha renda (etapa 6 menos etapa 5)

Por exemplo, suponha que sua renda anual seja de $90,000 e suas despesas anuais sejam de $83,000. Portanto, sua economia anual é de $7,000 e sua taxa de economia é de 7,78%. Se a taxa de economia desejada for 10%, você precisará economizar 2,22% adicionais de sua renda, ou seja, deve economizar mais $2,000 por ano.

Entendendo o efeito dos juros compostos nos seus investimentos

Um dos conceitos mais importantes que você deve compreender para se tornar um investidor de sucesso, é o poderoso efeito dos juros. De forma bem direta, juros compostos significam "juros rendendo sobre os juros". Isso cria uma "bola de neve" no montante de seus investimentos ao longo do tempo e tem impacto significativo.

Por exemplo, se você puder economizar $2,000 por mês em uma conta que rende 8% ao ano, acumulará mais de $6 milhões de dólares em quarenta anos, devido o efeito dos juros compostos.

O valor original investido de $960,000 (ou seja, $2,000 x 12 meses x 40 anos), multiplicará quase 7 vezes para produzir um montante final de $6,442,159.

Segue demonstrativo do efeito dos juros compostos ao longo do tempo:

Efeito de longo prazo dos juros compostos							
	MONTANTE ACUMULADO EM...						
Valor mensal	5 anos	10 anos	15 anos	20 anos	25 anos	30 anos	40 anos
$50	$3,647	$9,006	$16,880	$28,450	$45,450	$70,428	$161,054
$100	$7,294	$18,012	$33,761	$56,900	$90,899	$140,855	$322,108
$200	$14,589	$36,025	$67,521	$113,800	$181,798	$281,710	$644,216
$300	$21,883	$54,037	$101,282	$170,700	$272,697	$422,565	$966,324
$400	$29,178	$72,050	$135,043	$227,600	$363,596	$563,420	$1,288,432
$500	$36,472	$90,062	$168,803	$284,500	$454,495	$704,275	$1,610,540
$1,000	$72,945	$180,124	$337,606	$568,999	$908,991	$1,408,551	$3,221,079
$1,500	$109,417	$270,186	$506,409	$853,499	$1,363,486	$2,112,826	$4,831,619
$2,000	$145,889	$360,249	$675,213	$1,137,998	$1,817,982	$2,817,101	$6,442,159

Obs.: Considerando taxa de retorno anual de 8%.

Identifique cursos de ação alternativos

Até o momento no processo de planejamento, você avaliou sua situação financeira atual e estabeleceu algumas metas SMART de curto, médio e longo prazo. Mas seus objetivos não serão alcançados simplesmente criando-os. Você terá que elaborar estratégias, para ajudá-lo a preencher a lacuna de onde você está hoje e aonde gostaria de estar. Assim como há mais de uma maneira de ir do banco à sua sorveteria favorita na cidade, há mais de uma rota que você pode seguir para obter o sucesso financeiro. A próxima etapa do processo de planejamento financeiro, envolve a identificação de cursos de ação alternativos que podem levá-lo aos seus objetivos.

Vamos supor que você esteja planejando estudar no exterior no próximo ano. Você gostaria de aproveitar ao máximo sua experiência no exterior e ter recursos financeiros suficientes para viajar dentro do país escolhido, por 15 meses. Você gostaria de economizar $4,000, especificamente para cobrir as despesas de viagem. Talvez sua situação financeira seja tal que você estará preparado financeiramente para suas aventuras de viagem no exterior. Mas se for um estudante universitário, de repente, ainda não criou lastro financeiro suficiente.

Então, quais são suas opções para mudar a situação atual e tornar esse objetivo realidade? Considere que atualmente você tenha uma

Como o saldo da sua conta poupança se compara aos seus pares?						
Conta Poupança	Idade	Idade	Idade	Idade	Idade	Idade
Saldo	18 to 24	25 to 34	35 to 44	45 to 54	55 to 64	65+
$10,000 ou mais	7.5%	12.1%	16.0%	16.2%	16.8%	20.0%
$5,000 a $9,999	4.7%	5.4%	5.6%	5.2%	4.8%	4.7%
$1,000 a $4,999	14.7%	12.5%	9.8%	7.5%	8.0%	7.2%
Menos que $1,000	19.1%	15.2%	11.6%	10.9%	10.7%	8.2%
$0	21.8%	26.3%	31.6%	30.8%	28.4%	27.6%
Saldo mínimo	9.7%	10.6%	6.6%	7.7%	8.4%	10.7%
Sem conta	22.5%	17.9%	18.8%	21.7%	22.9%	21.6%
	100%	100%	100%	100%	100%	100%

Fonte: GoBankingRates.com

economia extra de $1,000 do seu último emprego de verão, que deseja transferir para o seu fundo de viagens para o semestre no exterior. Isso mostra que você precisa gerar $3,000 nos próximos 15 meses, ou $200 por mês, valor este que será necessário depositar em seu fundo de viagens para alcançar sua meta.

Talvez limitando viagens e caronas desnecessárias, sempre que possível, você poderá reduzir seus gastos com transporte em $75 por mês. Talvez fazendo mais refeições em casa e limitando suas compras de roupas novas, você possa reduzir em $50 os gastos com comida e as alocações discricionárias. Ir a cinemas com desconto pode ajudar a diminuir seus gastos com entretenimento em $25 por mês. Ao implementar bons hábitos de economia, você poderá liberar sua renda atual o suficiente para depositar em um fundo de viagem, para que em 15 meses você atinja sua meta.

Mas talvez você já tenha analisado o seu orçamento atual e há pouco a ser cortado. Adicionar um novo emprego ou horas a mais em um trabalho existente, pode ajudá-lo a aumentar a renda mensal disponível, para que possa contribuir com a quantia necessária para sua economia de viagem. Com um salário mínimo de $10 por hora, cerca de 5 horas adicionais por semana, o ajudariam a gerar o valor de contribuição mensal de $200 necessários para o fundo de viagens para estudos no exterior.

Geralmente, seus cursos de ação alternativos se enquadram em uma de duas categorias: realocação de recursos existentes ou geração de novos. Os recursos existentes, podem ser utilizados reservando economias atuais, ou alterando as alocações atuais, como no exemplo acima. A geração de novos recursos pode exigir mudanças de emprego para melhorar sua perspectiva salarial, levar horas adicionais ou investir suas economias de forma mais agressiva para gerar taxas de retorno mais altas.

FÓRMULA DE 7 ETAPAS PARA DEFINIR E ALCANÇAR METAS

Brian Tracy, no livro "Conquiste sua independência financeira: 21 segredos para alcançar seus objetivos e enriquecer" fornece uma fórmula simples de sete etapas para definir e alcançar metas.

1. Decida exatamente o que você quer em cada área da sua vida, especialmente na vida financeira. A maioria das pessoas nunca faz isso.

2. Anote seus objetivos de forma clara e específica. Algo incrível acontece entre a cabeça e a mão quando você coloca seus objetivos por escrito.

3. Defina um prazo para cada objetivo. Estabeleça prazos intermediários, se uma meta for grande o suficiente. Dê a si mesmo um alvo para mirar.

4. Faça uma lista de tudo o que você puder pensar para realizar cada objetivo. Ao pensar em novas idéias, adicione-as à sua lista até que ela esteja completa.

5. Organize sua lista em um plano de ação. Determine o que você fará primeiro e o que fará depois. Decida o que é mais importante e o que é menos importante.

6. Execute imediatamente seu plano. É incrível quantas metas e planos esplêndidos nunca são realizados por causa da procrastinação e do atraso.

7. Faça algo todos os dias que o aproxime pelo menos um passo do seu objetivo mais importante. Esse compromisso com a ação diária fará de você um grande sucesso em qualquer coisa que você decida realizar.

Exercício de ação:

Pegue uma folha de papel e escreva a palavra "Metas" na parte superior da página com a data de hoje. Em seguida, faça uma lista de 10 objetivos que você gostaria de alcançar nos próximos 12 meses. Escreva seus objetivos no tempo presente, como se o ano tivesse passado e você já os alcançou. Comece cada objetivo com o pronome Eu, para torná-lo pessoal.

Depois de ter sua lista de 10 objetivos, faça a seguinte pergunta: Qual objetivo nesta lista, caso eu o atingisse, teria o maior impacto positivo em minha vida?

Seja qual for a sua resposta a essa pergunta, circule esse objetivo e faça dele o seu número um, o mais importante para o futuro. Defina um prazo, trace um plano, tome medidas e faça algo todos os dias que o levem a atingir esse objetivo.

A partir de agora, pense e fale sobre esse objetivo o tempo todo. Pense e fale sobre como você pode alcançá-lo. Pense e fale sobre todos os diferentes passos que pode tomar para tornar esse objetivo uma realidade.

DICA DO CONSULTOR

9 hábitos de pessoas bem-sucedidas:

1. Ler diariamente;
2. Elogiar o próximo;
3. Abraçar a mudança;
4. Perdoar;
5. Debater ideias;
6. Aprender constantemente;
7. Aceitar responsabilidades;
8. Ser grato;
9. Ter um objetivo.

Capítulo 5

IMPLEMENTANDO O PLANO FINANCEIRO

Você nunca sabe que resultados virão da sua ação. Mas se você não fizer nada, não existirão resultados.

Mahatma Gandhi

Depois de pensar seriamente nas opções disponíveis que podem levá-lo a seus objetivos, você poderá começar a perceber quantas opções existem. Então, quais cursos de ação você deve seguir para alcançar os objetivos desejados? A resposta é: isso depende. Embora a Declaração de Independência dos EUA nos diga que todos os homens são iguais, o mesmo não pode ser dito para as várias estratégias financeiras disponíveis para ajudá-lo a realizar seus sonhos. Portanto, antes de selecionar estratégias para concluir seu plano financeiro, você deverá avaliar e pesar suas opções.

Ao avaliar suas opções, considere os prós e os contras de cada uma delas. Uma opção a ser considerada, pode ser aumentar sua renda, modificando a receita que você está economizando em uma conta poupança para o investimento, em um portfólio de ações, por exemplo. A alteração nos métodos de investimento, pode aumentar sua taxa de retorno recebida em suas economias, ajudando a gerar novas receitas, sem precisar trabalhar mais horas, a chamada renda passiva. No entanto, as ações em que suas economias estão agora investidas, também podem representar um risco substancialmente maior do que a conta de poupança, na qual você depositou anteriormente suas economias. Ao avaliar suas alternativas, lembre-se também de considerar os custos de oportunidade que você terá para perseguir seu objetivo em cada curso de ação.

Figura 2 – O Ciclo de vida financeiro
Fonte: Livro Investimentos de Mauro Hafeld

Outro ponto muito importante no planejamento financeiro é a identificação de qual fase do ciclo de vida financeiro você se encontra. Dependendo da fase, os objetivos e as estratégias serão diferentes. Na verdade, cada plano financeiro é único; e deve levar em conta o estágio de vida, tolerância ao risco e aspectos comportamentais.

Isto também se aplica ao plano financeiro de seu projeto imigratório; pois pessoas jovens são mais propensas a se aventurarem em uma mudança de vida e um recomeço no exterior. Lembro-me muito bem quando decidi morar nos Estados Unidos.

Na época, eu dizia aos meus amigos, que se eu não mudasse antes dos 40 anos, não realizaria mais este objetivo. Isso não é uma regra, é claro. Nunca é tarde para se realizar um sonho ou objetivo de vida. Mas no meu caso, serviu como um estímulo, pois acabei mudando para os Estados Unidos com 38 anos de idade.

No que tange à avaliação de opções, imagine a situação em que você deseja mudar-se para um país estrangeiro dentro de 1 ano. Suas economias estão investidas em contas de baixo risco e alta liquidez, um CDB (certificado de depósito bancário) de um banco de primeira linha, por exemplo. Você pode até decidir migrar esses recursos e montar uma carteira de ações visando maximizar o retorno sobre o capital investido, porém, correrá o risco de não possuir os recursos necessários para cobrir as despesas imigratórias; tais como: taxas de advocacia, taxas de imigração, aluguel, compra de veículo, entre outras despesas necessárias para se estabelecer em um país estrangeiro. Desta forma, não seria adequado arriscar o seu capital, já que há um horizonte previsível de desembolso dos recursos economizados.

A avaliação adequada de cada uma das opções poderá ajudá-lo a selecionar o melhor curso de ação para atingir seus objetivos financeiros. Você precisa de uma estratégia. O objetivo é o destino. A estratégia é a estrada. Existem vários caminhos a serem percorridos que chegam ao mesmo destino, concorda? Por isso que existem ferramentas para ajudá-lo nesta escolha. Em tal situação, os mapas são uma excelente ferramenta de apoio a decisão. Você certamente escolherá o caminho mais rápido, seguro e barato. No caso do seu objetivo de mudança para um país estrangeiro, a lógica será exatamente a mesma.

Uma ferramenta muito eficiente para ajudá-lo a operacionalizar e estruturar as atividades é o plano de ação 5W2H.

A 5W2H é uma metodologia de elaboração de planos de ação. Através dela, são definidos projetos especificados a partir da resposta de 7 perguntas relacionadas com as letras "W" e "H": *what?* (o que?); *who?* (quem?); *when?* (quando?); *where?* (onde?); *why?* (por quê?); *how?* (como?); *how much?* (quanto custará?).

O método do 5W2H garante que uma simples lista de tarefas seja aprofundada e definida de maneira precisa e completa, para que nenhuma dúvida fique no caminho da execução do que foi combinado. Fazer um plano de ação 5W2H é uma atividade muito simples e bastante intuitiva, não sendo necessário nenhum conhecimento prévio em gestão estratégica ou da qualidade.

Plano de Ação - 5W2H						
5W					2H	
O quê? What?	Por quê? Why?	Onde? Where?	Quem? Who?	Quando? When?	Como? How?	Quanto? How much?

Neste ponto, você realizou a maior parte do trabalho associado à criação de um plano financeiro pessoal. Até agora, você analisou sua situação atual, definiu metas, identificou cursos de ação alternativos e avaliou suas opções. Agora é hora de juntar todas as peças para criar e implementar seu plano financeiro.

À medida que você monta seu plano financeiro, é importante olhar para a imagem inteira. Tendo identificado opções para atingir seus objetivos e ponderado cada estratégia, agora é mais fácil analisar o custo de seus objetivos em termos de sua situação atual. Isso pode ajudá-lo a priorizar suas metas, considerando o custo da implementação de cada uma delas.

A finalização do seu plano, exigirá que você tome decisões sobre quais metas perseguir e os melhores cursos de ação a serem adotados. Tudo isso terá que ser ponderado, em termos de sua situação atual e previsões práticas para o futuro, a fim de manter as metas realistas.

Após criar seu plano, a disciplina é fundamental. Depois de mapear o caminho para suas metas, é importante que você siga esse caminho. Estabeleça e tome medidas que possam levá-lo ao sucesso ao criar seu plano. A adoção de medidas concretas, irão ajudá-lo a fazer o que for necessário para permanecer no caminho certo para alcançar seus objetivos.

O passo final no desenvolvimento de um plano financeiro pessoal é talvez o mais importante. Você pode ter realizado sua devida diligência em cada etapa do processo e criado um sólido plano financeiro; no entanto, um fato permanece: a vida acontece. Por esse motivo, é imprescindível revisar com frequência seu plano.

A revisão do seu plano financeiro pode ajudá-lo a avaliar seu progresso no cumprimento de suas metas. As estratégias originais podem não estar obtendo os resultados esperados e podem exigir ajustes para ajudá-lo a atingir seus objetivos.

DICA DO CONSULTOR

Para utilizar o 5W2H é interessante contar com o auxílio de uma planilha no Excel (ou em algum programa de sua preferência). O 5W2H também pode ser feito em arquivos de texto, ou até em documentos impressos. Para fazê-lo, tenha em mente o objetivo que deseja alcançar, as causas desse objetivo e como realizar cada etapa, de forma correta, para atingi-lo. Aprofunde-se em cada item, de forma a tornar o uso da ferramenta muito vantajoso.

Além disso, não importa quão cuidadosamente você siga cada uma das etapas para criar seu plano financeiro ou quão perfeito o plano possa ser quando concebido, ocorrerão eventos imprevistos. Sua situação financeira mudará de tempos em tempos. Você pode incorrer em despesas não planejadas ou receber receitas não planejadas. Esses eventos podem exigir que você mude o caminho a seguir para alcançar sua meta.

DICA DO CONSULTOR

Além de estruturar as atividades no plano de ação 5W2H, você deve realizar projeções da sua situação financeira futura. Faça estimativas razoáveis quanto às suas receitas, despesas e investimentos para os próximos anos, em um demonstrativo de fluxo de caixa pró-forma.

FIQUE LIGADO!

Em que a falta de dinheiro pode nos afetar?

- Identidade;

- Autoestima;

- Sentimentos de controle e dependência;

- Falta de Segurança;

- Saúde física e mental.

Capítulo 6

COMPREENDENDO O MERCADO FINANCEIRO DOS EUA

Só invista naquilo que você conhece.

Peter Lynch

A medida que você evolui em seu planejamento financeiro chegará a hora em que precisará tomar decisões financeiras para atingir os seus objetivos. Os Estados Unidos, são a maior potência econômica do mundo, com um PIB em torno de $20 trilhões de dólares, para efeito de comparação o PIB do Brasil gira em torno de $2 trilhões de dólares. Podemos concluir que a economia dos EUA é dez vezes maior que a economia brasileira. Somente o estado da Flórida tem um PIB em torno de $1 trilhão de dólares.

Costumo dizer que os Estados Unidos possuem o maior, mais sofisticado, mais regulado e mais seguro mercado financeiro do mundo. Importante ressaltar que mercado financeiro é um termo bem amplo, pois inclui o mercado de capitais, mercado cambial, mercado imobiliário, entre outros agentes que compõem a economia americana.

Aqui nos EUA, cada mercado é regulado por alguma entidade que estabelece as regras de conduta das empresas e profissionais que atuam neste mercado. Regulação significa proteção, e todo o sistema é desenvolvido de forma que as relações comerciais e financeiras sejam as mais transparentes e justas. Os profissionais e empresas precisam de licenças para atuarem nos diversos mercados que existem.

O controle é rigoroso e profissionais que transgridem as regras e/ou cometem irregularidades, são severamente punidos, com o cancelamento da licença e até mesmo prisão, em casos mais graves.

Para que você entenda melhor quem são os atores e como funciona este mercado, apresento a seguir as funções, finalidades e regulamentos das principais instituições financeiras dos EUA.

As principais instituições financeiras dos EUA são divididas em:

- Bancos (*Banks*)
- Cooperativas de crédito (*Credit unions*)
- Corretoras de valores (*Brokerage companies*)
- Seguradoras (*Insurance companies*)
- Empresas de fundos mútuos (*Mutual funds companies*)
- Empresas fiduciárias (*Trust companies*)

BANCOS – BANKS

Existem três tipos principais de bancos nos EUA: bancos comerciais, associações de poupança e empréstimo (*savings and loan associations – S&Ls*) e bancos de poupança (*savings banks*). Os bancos comerciais são instituições de empréstimo de serviço completo, que oferecem contas correntes e de poupança, cartões de crédito, cofres e serviços de consultoria financeira.

Os *S&Ls* tomam emprestado dinheiro dos depositantes e emprestam esse dinheiro principalmente como hipotecas imobiliárias (*mortgages*). Um banco de poupança, é semelhante a uma associação mútua de poupança e empréstimo, e paga dividendos aos seus depositantes/proprietários. Os bancos são regulados por agências federais, como a *Federal Deposit Insurance Corporation (FDIC)*, o *Federal Reserve* (Banco Central Americano) e o controlador da moeda.

O FDIC[1] é uma agência independente do governo federal dos EUA, que preserva e promove a confiança do público no sistema financeiro dos Estados Unidos da América, assegurando depósitos em bancos e instituições de poupança por pelo menos $250,000. Atua da mesma forma que o Fundo Garantidor de Crédito no Brasil. Aliás, o Fundo Garantidor de Crédito, bem como várias instituições e regras vigentes no mercado financeiro brasileiro se baseiam no modelo americano. Na prática, o FDIC garante até $250 mil dólares por depositante em contas, nas instituições financeiras americanas acreditadas.

Exemplo:

Você pode ter $200,000 em uma conta poupança e $70,000 em uma conta corrente, ambos em seu nome no mesmo banco. Seu dinheiro combinado ($ 270,000) será segurado somente até o total de $250,000, em caso de uma falência da instituição financeira onde estiver os seus recursos depositados.

---

1. Mais informações acesse em: < https://www.fdic.gov/ >

As contas conjuntas de depósito, pertencem a duas ou mais pessoas que têm direitos iguais para sacar dinheiro da conta.

Exemplo:

Roberto e Sabrina possuem em conjunto uma conta poupança, onde adquiriram CD (certificado de depósito bancário), no valor de $600,000, em um banco segurado. A participação de Roberto e Sabrina na conta conjunta é considerada igual pelas regras do FDIC, a menos que indicado de outra forma nos registros do banco.

Portanto, Roberto possui $300,000 e Sabrina possui $300,000, com cada cônjuge segurado até $250,000. Os $100,000 ou $50,000 restantes para cada cônjuge estão acima do limite do seguro FDIC e não são segurados. O Sistema Federal de Bancos do Federal Reserve (Fed) supervisiona os bancos membros, empresas que possuem bancos e organizações internacionais que fazem negócios bancários nos Estados Unidos.

COOPERATIVAS DE CRÉDITO – CREDIT UNIONS

As cooperativas de crédito são instituições sem fins lucrativos, compostas por membros elegíveis, semelhantes aos bancos comerciais. A Associação Nacional da União de Crédito (*The National Credit Union Association – NCUA*) assegura contas compartilhadas em cooperativas de créditos seguradas pelo governo até $250,000 por conta qualificada.

CORRETORAS DE VALORES – BROKERAGE COMPANIES

Os investidores normalmente compram e vendem ações ordinárias listadas em várias bolsas de valores. O principal dever de uma corretora, é atuar como intermediário, conectando compradores e vendedores para facilitar uma transação. As corretoras normalmente recebem remuneração por meio de comissões ou taxas cobradas após a conclusão da transação.

As corretoras concedem crédito, através de contas de margem (*margin accounts*), aos clientes para gerar mais negócios, o que resulta em mais receita de comissão para a empresa. As corretoras também, mantêm os valores mobiliários dos clientes em custódia e podem ofecerer serviços adicionais.

A Comissão de Valores Mobiliários (*Securities and Exchange Commission – SEC*) foi criada pela Lei de Valores Mobiliários de 1934 (*Securities Act of 1934*) e seu objetivo é regular as corretoras para proteger os investidores. A Autoridade Reguladora do Setor Financeiro (*Financial Industry Regulatory Authority – FINRA*) é um órgão de autorregulação que supervisiona as corretoras e está sujeita à supervisão da SEC.

SEGURADORAS – INSURANCE COMPANIES

As companhias de seguros, são intermediárias que permitem que indivíduos e empresas, transfiram uma variedade de riscos através da compra de apólices de seguro. As apólices que cobrem acidentes, roubo ou incêndio, são seguros de propriedade e de acidentes; apólices que cobrem doenças ou incapacidade de trabalhar, são seguros de saúde e invalidez; e apólices que cobrem a morte são apólices de seguro de vida.

A lei federal que rege o mercado de seguros, é a Lei McCarran-Ferguson Act, conhecida como a Lei Pública 15 – *Public Law 15*, que repassa a regulamentação do setor de seguros aos estados. Os estados regulam o setor por meio de seus três ramos de governo, e um comissário de seguros, conduz a administração das leis estaduais e aplica leis de seguros a casos específicos.

MUTUAL FUND COMPANIES

Um fundo mútuo, (*mutual fund*) é uma empresa de investimentos atendida por gestores profissionais, que reúne o dinheiro dos investidores para comprar ações, títulos e outros investimentos com base em objetivos e critérios de risco estabelecidos.

Os investidores em fundos mútuos, possuem ações do fundo mútuo, e não ações ou títulos de dívida adquiridos pelos administradores do fundo mútuo.

A Lei das Sociedades de Investimento de 1940 (*Investment Company Act of 1940*) regula a organização de empresas de investimentos, incluindo fundos mútuos, que se dedicam principalmente ao investimento, reinvestimento e negociação de valores mobiliários, e cujos valores mobiliários são oferecidos ao público investidor. A lei exige que os fundos mútuos se registrem na SEC, mas a SEC não pode supervisionar diretamente as decisões ou atividades de investimento dessas empresas ou julgar o mérito de seus investimentos.

TRUST COMPANIES

As Trust companies, são instituições financeiras pertencentes a bancos comerciais, que fornecem uma ampla gama de serviços a pessoas físicas e jurídicas. Os departamentos de trust podem ser nomeados "*trustees*" nos documentos do trust, para atuarem como fiduciários dos beneficiários de um trust. As empresas fiduciárias, fornecem serviços bancários habituais e podem ainda, fornecer serviços de gerenciamento de investimentos, serviços de liquidação de bens, serviços de tutela e serviços de planejamento financeiro. As empresas fiduciárias são reguladas por leis estaduais.

SECURITIES INVESTORS PROTECTION CORPORATION

A *Securities Investors Protection Corporation* (SIPC) é semelhante ao FDIC. Ela fornece cobertura para clientes das corretoras de valores membros até $500,000. Dos $500,000, não mais que $250,000 podem ser para perdas de valor em dinheiro (*cash*). Os clientes que possuem uma conta em dinheiro e uma conta de margem, terão uma conta combinada sob a cobertura do SIPC.

Cônjuges que possuem contas conjuntas terão cobertura separada. A cobertura do SIPC é apenas para clientes individuais e não se aplica a clientes institucionais. Por exemplo, Bryan tem uma conta de margem com $250,000 em ações e $260,000 em dinheiro. A cobertura de Bryan seria de $500,000, sendo $250,000 o limite da cobertura da posição em dinheiro.

FEDERAL DEPOSIT INSURANCE CORPORATION

A *Federal Deposit Insurance Corporation* (FDIC) supervisiona e regula os bancos dos EUA. O FDIC classifica os bancos por seu índice de capital e reserva-se o direito de forçar alterações nas políticas de gerenciamento de um banco, se o índice de capital baseado em risco ficar abaixo de 6%. Se um banco se tornar "subcapitalizado criticamente" (2% ou menos), o FDIC pode declarar o banco insolvente e assumi-lo, facilitando muitas vezes as vendas dos ativos do banco para outro banco.

O FDIC (*fdic.gov*) assegura depósitos em bancos comerciais e *S&L*, e a Administração Nacional da União de Crédito (*National*

Credit Union Administration) assegura as cooperativas de crédito (*credit unions*). Estas são agências federais criadas para protegê-lo contra falhas envolvendo instituições financeiras.

Como essas regras são frequentemente atualizadas, é recomendável manter-se atualizado, visitando o site (FDIC) frequentemente. Em 21 de julho de 2010, o presidente Barack Obama, assinou a Lei de Reforma e Defesa do Consumidor Dodd-Frank (*Dodd-Frank Wall Street Reform and Consumer Protection Act*) em Wall Street, que elevou permanentemente, o atual valor máximo padrão de seguro de depósito máximo (SMDIA) para $250,000.

O limite de cobertura do seguro FDIC se aplica por depositante, por instituição depositária segurada para cada categoria de propriedade da conta.

REGULAÇÃO E REQUISITOS DE SERVIÇOS FINANCEIROS

Em geral, os títulos mobiliários (*securities*) vendidos nos EUA devem ser registrados. As declarações de registro e os prospectos tornam-se públicos logo após o depósito na SEC. Muitas pequenas ofertas estão isentas do processo de registro, porque a SEC procura promover a formação de capital, diminuindo o custo de oferecer valores mobiliários ao público.

DICA DO CONSULTOR

É importante fazer a distinção de que o seguro SIPC não cobre uma diminuição no valor de uma conta de investimento, devido a quedas no mercado. O seguro é para perda de dinheiro, caso a corretora de valores venha ficar insolvente, ou seja, se o custodiante do dinheiro quebrar ou declarar falência.

SEC – SECURITIES AND EXCHANGE COMMISSION.

A SEC – *Securities and Exchange Commision*, é o principal órgão regulador do mercado de capitais nos EUA. Seu poder é amplo e serve de modelo para várias agências reguladoras mundo afora. No Brasil, o órgão equivalente é a CVM – Comissão de Valores Mobiliários. A SEC é uma entidade governamental criada pelo Congresso dos EUA, para promover a divulgação de informações importantes do mercado, manter negociações justas e proteger os investidores contra fraudes. Ela é a verdadeira "xerife do mercado".

A Lei de Títulos Mobiliários de 1934, (*Securities Act of 1934*), que criou a SEC, confere à mesma, ampla autoridade sobre todos os aspectos do setor de valores mobiliários. Isso inclui o poder de registrar, regular e supervisionar:

- *Brokerage firms* – corretoras de valores que cobram uma taxa ou comissão pela execução de ordens de compra e venda enviadas por outro indivíduo ou empresa.

- *Transfer agents* – pessoa ou empresa que mantém os registros dos valores mobiliários registrados.

- *Clearing agencies* – insituição que visa facilitar a validação, entrega e liquidação de transações com valores mobiliários.

- *Self Regulatory Organizations* (**SRO**) – organizações de auto-regulação, tais como a FINRA.

A Lei dos Consultores de Investimentos de 1940, (*Investment Advisers Act of 1940*) regula os consultores de investimentos. Esta lei foi criada para proteger o público e investidores, contra más práticas de pessoas, pagas para aconselharem outras pessoas sobre valores mobiliários.

Figura 3 – U.S. Securities and Exchange Commission
Fonte: https://bit.ly/2ZQcMb3 Foto (*Photo By Bill Clark/CQ Roll Call*)
Arte: VLM Press

A lei define valores mobiliários nos termos mais amplos possíveis. Além de ações, títulos e fundos mútuos, inclui também certificados de depósito, participações limitadas em participações societárias, apólices de seguro de vida variáveis e contratos de renda variável.

A Lei de Consultores de Investimentos de 1940, exige essencialmente que empresas ou profissionais independentes, com pelo menos $110 milhões em ativos sob gestão, se registrem na SEC e atendam aos requisitos específicos de atuação. Os Consultores de investimento registrados (*RIAs*) que possuem menos de $110 milhões em ativos sob gestão devem se registrar no seu estado.

Os profissionais que desejarem participar da compra e venda de valores mobiliários em nome de seus clientes, devem ser licenciados pela FINRA e aderir aos requisitos de valores mobiliários do estado.

A FINRA, sob supervisão da SEC, protege os investidores e a integridade do mercado e administra exames e licenças para quem atua na comercialização de títulos e valores mobiliários (*Series 7*), fundos mútuos, seguro de vida variável e renda variável (*Series 6*), entre outros. Os estados podem exigir outros exames adicionais.

LEIS ESTADUAIS

Uma oferta de valores mobiliários deve ser registrada de acordo com a Lei Federal de Valores Mobiliários de 1933, (*Securities Act of 1933*) e com as leis estaduais de valores mobiliários, a menos que isentas de registro. Entre as isenções incluem títulos listados nas bolsas de valores de Nova York, além de títulos emitidos por bancos ou instituições de poupança. As ofertas de "títulos cobertos" (*covered securities*) geralmente estão sujeitas apenas à regulamentação federal, mas os títulos que não são "cobertos" estão sujeitos às regulamentações, tanto do estado quanto a federal, incluindo registro e revisão.

LEIS DE PROTEÇÃO DE CONSUMIDORES NOS EUA

Falência – Bankruptcy

Diferentemente do Brasil, nos EUA uma pessoa pode declarar a falência pessoal, sendo registrada nos Capítulos 7 ou 13 (*Chapter 7 or 13*), que interrompe execuções hipotecárias, reintegrações de posse de imóveis e vendas de imóveis enquanto os pagamentos são feitos. Não se aplicam a pensões alimentícias ou ações criminais. As leis estaduais de isenção, permitem que os devedores mantenham certas propriedades, independentemente dos credores serem pagos ou não.

Os exemplos incluem: uma parte do patrimônio líquido, roupas, utensílios domésticos, móveis e eletrodomésticos, carros de valor limitado, ferramentas utilizadas nos negócios, joias no valor menor de $1,000, pensões e benefícios públicos, como Previdência Social (*Social Security*), além de seguro desemprego acumulados em um conta bancária.

Os itens não isentos que geralmente precisam ser abandonados incluem:

- Caixa, contas bancárias, ações, títulos e outras propriedades para investimento;

- Segunda residência ou casas de férias;

- Segundo carro ou caminhões;

- Selos, moedas ou outras coleções;

- Herança de família.

O capítulo 7, é um procedimento de liquidação que elimina a dívida de um consumidor vendendo alguns bens pessoais para pagar os credores. Muitos devedores não possuem nenhum ativo, além do que a lei lhes permite manter, de modo que não perderiam nenhum imóvel devido à venda forçada de seus ativos.

Todos os pleiteantes devem ter suas finanças examinadas, para determinar se são capazes de reembolsar seus credores. A renda mensal atual, é calculada como a média durante o período de seis meses anterior ao pedido, e comparada com os valores médios de renda do estado. Se a renda for menor ou igual à mediana do estado, o capítulo 7, poderá ser arquivado. Se a renda exceder a mediana, um "teste de meios" (*means test*) deve ser aplicado.

Um teste de meios, determina se há renda disponível suficiente para pagar pelo menos uma parte das dívidas não garantidas durante um período de reembolso de cinco anos. A receita disponível é calculada, subtraindo-se certas despesas permitidas e pagamentos de dívidas exigidos da receita atual. Quanto maior a renda disponível, maior a probabilidade do caso não se aplicar ao capítulo 7. O capítulo 13, deve ser apresentado se os devedores tiverem mais do que uma quantia especificada em renda disponível.

A maioria das dívidas é liquidada após 115 dias, a partir da data do depósito, quando os ativos são distribuídos aos credores, mas certas obrigações ainda precisam ser pagas. Isso inclui pagamentos pendentes por pensão alimentícia, imposto de renda com menos de três anos de atraso, empréstimos estudantis e dívidas garantidas, como hipotecas residenciais e financiamento de veículos. Os credores podem recuperar a propriedade mantida como garantia.

O capítulo 13, permite que os devedores mantenham todos os seus bens pessoais, mas são obrigados a pagar sua dívida integralmente, por um determinado tempo. O capítulo 13 protege as casas da reintegração de posse, desde que os devedores cumpram suas obrigações de reembolso. Qualquer propriedade garantida que tenha sido comprada dentro de um ano, após o depósito deve ser totalmente reembolsada, incluindo carros, comprados para uso pessoal nos últimos 2 anos e meio.

Um plano de reembolso, é estruturado como um plano de parcelamento para pagar aos credores, uma quantia que eles teriam recebido com a liquidação do capítulo 7, ou mais, e é baseado na receita do devedor (salários, pagamentos de benefícios e renda de aluguel). Um devedor pagará mais a cada mês, para efetuar pagamentos de suas dívidas vencidas, juntamente com seus pagamentos mensais atuais, até que as dívidas sejam quitadas integralmente ou até o final de um período de três a cinco anos.

Uma vez reembolsados os credores, é emitida uma quitação. Se os devedores ficarem atrasados em seus pagamentos agendados, eles poderão alterar seu plano de pagamento original.

Os devedores apresentados nos capítulos 7 e 13, devem concluir um curso de gestão financeira pessoal, de uma agência de aconselhamento de crédito, antes de receber uma quitação da falência. Os devedores, precisarão restabelecer seu crédito após a falência, e os relatórios de crédito levarão as informações de falência por até 10 anos.

Fair Credit Reporting Laws

O *Fair Credit Reporting Act*, permite que todos tenham um relatório de crédito justo e preciso. Os indivíduos podem solicitar uma cópia gratuita de seu relatório de crédito uma vez por ano, das três principais empresas que fornecem tais relatórios: *Equifax, Experian e TransUnion*. Informações incorretas podem ser contestadas e os credores podem ser processados, se os erros não forem corrigidos.

O nome das agências que fornecem o relatório que leva à negação de crédito deve ser fornecido; e os empregadores devem obter permissão por escrito dos funcionários atuais ou potenciais antes de revisar seus relatórios.

O *Truth in Lending Act*, exige que os credores divulguem o verdadeiro custo do crédito ao consumidor, explicando todas as cobranças, termos e condições envolvidos. Os consumidores devem receber o encargo financeiro total, e a taxa percentual anual dos empréstimos.

A lei inclui, um direito de rescisão de três dias, em qualquer contrato de empréstimo em que o mutuário use sua casa como garantia, proíbe os credores de enviar cartões de crédito não autorizados, e limita a responsabilidade do titular de cartão a U$50 pelo uso não autorizado de uma conta.

A Lei de cobrança de crédito justa, (*Fair Credit Billing Act*) define procedimentos para corrigir erros de cobrança nas contas de cartão de crédito e permite que os consumidores retenham o pagamento de mercadorias defeituosas, adquiridas com cartão de crédito.

A lei também, estabelece limites para o tempo em que algumas informações podem ser mantidas em um arquivo de crédito.

A Lei da Igualdade de Oportunidades de Crédito, (*Equal Credit Opportunity Act*) proíbe a discriminação de crédito com base em sexo, estado civil, raça, origem nacional, religião, idade ou recebimento de assistência pública. Também exige que os credores forneçam uma declaração por escrito, explicando as ações adversas tomadas.

A Lei de Práticas de Cobrança de Dívidas Justas, (*Fair Debt Collection Practices Act*) proíbe práticas injustas, abusivas e enganosas por parte dos cobradores de dívidas; e estabelece procedimentos para a cobrança de dívidas.

A Lei de transferência de fundos elétricos, (*Electric Fund Transfer Act*) limita a responsabilidade de um cliente bancário, se um cartão de débito ou de saque for perdido ou roubado. A perda é limitada a $50 se o banco for notificado dentro de 2 dias úteis, e a perda será limitada a $500 se notificado dentro de 3 a 59 dias. Um cliente é responsável por perdas ilimitadas, se o cartão perdido não for reportado dentro de 60 dias.

A Lei de divulgação justa de cartões de crédito e cobrança (*Fair Credit and Charge Card Disclosure Act*), exige que as empresas de cartão de crédito divulguem informações sobre os termos, condições e taxas de juros que pertencem a seus cartões de crédito.

Entender como funcionam as principais instituições financeiras dos EUA, bem como estar ciente das instituições e leis de proteção aos consumidores e investidores, é essencial para uma melhor tomada de decisão financeira.

Capítulo 7

ADMINISTRANDO O SEU CRÉDITO NOS EUA

Palavras não pagam dívidas.

William Shakespeare

Y*ou don't have U.S. credit history*", ou seja, "Você não tem histórico de crédito nos Estados Unidos". Não precisa decorar esta frase pois vai ouvir muito ao chegar nos EUA. Lembro logo que cheguei aqui, tinha acabado de receber o meu cartão do *Social Security*, o equivalente ao número de CPF, quando fui realizar compras na *Macy's*, uma famosa loja de departamentos nos EUA. É normal os atendentes de checkout fazerem ofertas de aplicação de cartão de crédito da loja. Isso é muito comum, inclusive no Brasil.

Acontece que eu decidi fazer a aplicação, mas havia apenas 2 meses que tinha obtido o meu *Social Security number*, e fui todo animado para conseguir este cartão de crédito. O resultado foi a negativa. O atendente disse que minha aplicação para o cartão, havia sido recusada pela administradora de cartão de crédito. Eu lembro que fiquei muito chateado. Me perguntava qual teria sido a razão? Ser negado para um cartão de crédito de loja de departamentos, que coisa estranha, eu sou um bom pagador. Sempre fui responsável na utilização do meu dinheiro. No Brasil, tinha vários cartões de crédito, com limites elevados inclusive. Até recusava novas ofertas.

A questão é justamente essa. Mesmo que você tenha suas contas em dia em seu país de origem, e ainda que nunca tenha ficado sem pagar alguma dívida, as empresas americanas não irão confiar em você o suficiente para oferecer algum tipo de serviço. Todo o meu histórico de crédito naquela época, era no Brasil. Nos EUA eu não era ninguém, de acordo com o ponto de vista do crédito financeiro americano. Não havia qualquer registro nos sistemas sobre meu comportamento de compra, pagamento das contas, utilização de crédito, entre outros elementos que são levados em conta para a decisão de aprovação.

É preciso construir o seu crédito nos EUA. Esta é uma das etapas mais importantes na vida de um imigrante, pois o sistema de crédito é gigantesco, se você souber utilizá-lo em seu favor, certamente irá prosperar muito por aqui, usando um conceito básico do mundo das finanças, que é a "alavancagem".

O conceito de alavancagem, vem do instrumento alavanca mesmo, se você quiser subir uma rocha do chão, poderá usar uma alavanca para atingir o objetivo, com menos esforço e de forma mais eficiente. Na questão financeira, o raciocínio é o mesmo. Você pode usar o sistema de crédito, que possui muita liquidez, prazos longos e baixas taxas de juros, que irão ajudá-lo a atingir seus objetivos, seja na compra de um carro ou até mesmo da casa própria.

Para beneficiar-se da "alavancagem" financeira nos EUA, você precisa construir seu crédito. Mas como? A resposta é simples. Utilizando o sistema de crédito. Para os novatos na América, uma das estratégias é aplicar em um cartão de crédito segurado (*secured credit card*), ou seja, você faz um depósito de segurança e este valor fica retido em uma conta poupança.

O valor depositado serve de garantia, e será o limite estabelecido pelas administradoras de cartão de crédito. Desta forma, você começa a criar um histórico de crédito na economia americana. É conveniente para o banco, pois não há risco, afinal você já depositou antes o valor do limite. Isso será conveniente para iniciar a sua história por aqui.

Eu mesmo obtive meu primeiro cartão de crédito aqui nos EUA desta forma. Lembro que depositei $1,000 e usei regularmente o cartão, dentro dos limites estabelecidos para uma boa nota de crédito, é claro! Falaremos mais a respeito delas ainda neste capítulo. Depois de 8 meses, o banco liberou os recursos que estavam retidos em minha conta poupança e dobrou o meu limite de crédito de $1,000 para $2,000. A partir do momento em que eles passam a conhecê-lo e confiar em você, tudo fica mais fácil.

Hoje eu tenho vários cartões de crédito e todas aplicações que faço são aprovadas. Chego a receber cerca de 5 ofertas por mês em minha caixa de correio. Obviamente eu não aplico em todas, pois ter muitas aplicações também afeta a sua nota de crédito. O importante é entender como funciona, para que você tome as melhores decisões.

Alguns amigos se surpreendem quando comento sobre minha nota de crédito (*FICO credit score*) aqui nos EUA. Quando me perguntam à respeito, a resposta que dou é sempre a mesma: é preciso entender como funciona o sistema, as regras do jogo; e segui-las. Consequentemente, a sua nota de crédito irá só aumentar com o tempo.

Aplicações para cartão de crédito, *leasing*, financiamentos pessoais, enfim, todas as transações financeiras referentes a você, passam a compor o seu histórico de crédito. Por isso, é importante ser cauteloso! Alguns registros levam anos para sair do sistema. O crédito é muito valorizado na América. Você como imigrante, precisa saber lidar bem com o gerenciamento das dívidas. O uso consciente do crédito é levado em conta neste país e você é beneficiado. Essa preocupação já é uma realidade também no Brasil, mas você irá perceber que as coisas são diferentes aqui.

GERENCIAMENTO DAS DÍVIDAS

O gerenciamento da dívida é essencial para o processo de planejamento financeiro, e afeta muitos aspectos do planejamento financeiro; como planejamento de fluxo de caixa, planejamento de investimentos, planejamento tributário e planejamento de aposentadoria.

Quase todo mundo usa crédito de uma forma ou de outra. Existem vários tipos de acordos de crédito que o consumidor utiliza para fazer compras ao longo da vida. Exemplos de financiamento de crédito incluem o uso de cartões de crédito, hipotecas residenciais (*mortgages*), linhas de crédito de patrimônio líquido, financiamento e *leasing* de automóveis. O crédito facilita uma compra quando os fundos não estão prontamente disponíveis, e permite que o comprador pague pelo item em um momento futuro enquanto desfruta da compra agora.

Depois que se qualificar para o crédito aqui nos EUA, você provavelmente ficará surpreso com a disposição dos credores em conceder crédito. Dadas essas tentações, e sem um planejamento de crédito adequado, você corre o risco de permitir que o componente de consumo do seu orçamento fique fora de controle.

A tentação de gastar demais e distribuir pagamentos por um longo tempo afetará a quantia de juros pagos que poderá afetar a capacidade de uma pessoa de permanecer no orçamento e atingir suas metas financeiras. Quanto mais você gastar em um período, adiando o pagamento para outro, menos flexível será o seu orçamento futuro. Com efeito, você aumentará o componente de despesa fixa do orçamento futuro. A única solução para esse problema é desenvolver uma disciplina, para permanecer dentro de um orçamento planejado. Caso contrário, o consumo naturalmente pode se tornar excessivo.

RAZÕES PARA USAR O CRÉDITO

A crença comum, é que a única razão para usar o crédito é a falta de dinheiro suficiente para pagar por uma compra. Embora esse fator possa ser verdadeiro, ele pode não ser o único. Como já abordei anteriormente, o crédito pode ser uma ótima ferramenta para ajudá-lo a atingir as suas metas. Além disso, seguem aqui as principais razões para se usar crédito:

Segurança – Permite que os consumidores comprem bens e serviços sem transportar grandes quantias em dinheiro.

Flexibilidade – Permite que os consumidores gerenciem situações financeiras a curto prazo, como compras de fim de ano ou emergências; quando o pagamento com dinheiro não for possível.

Facilita as transações – Os consumidores podem comprar itens por telefone ou internet.

Alavancagem – Fornece aos consumidores, "alavancagem" adicional, em caso de disputas com comerciantes por mercadorias com defeito ou de baixa qualidade.

Manutenção de registros – Fornece aos consumidores, extratos de final de mês, o que ajuda na preparação do orçamento e do imposto de renda.

Hedge contra a inflação – À medida que as taxas de juros aumentam, os consumidores podem comprar agora e evitar preços futuros mais altos. No entanto, uma alta taxa de inflação é quase sempre acompanhada por uma alta taxa de juros sobre o dinheiro emprestado.

Fundo de emergência – Fornece aos consumidores acesso rápido aos fundos de crédito para uso em emergência financeira, especialmente se os ativos líquidos disponíveis não forem adequados. Isso permite que alguém mantenha uma parcela maior de seus investimentos totais em ativos não líquidos, nos quais os rendimentos historicamente têm sido mais altos. No entanto, os fundos emprestados devem ser reembolsados, o que significa que eventualmente, você deve vender ativos não líquidos e sofrer perdas em potencial, se os preços forem baixos quando você os vender. Se não houver nada para vender, continuará a pagar uma alta taxa de juros.

TIPOS DE CONTAS DE CRÉDITO

Você pode obter crédito de duas formas diferentes:

1. Uma conta regular (de 30 dias)

2. Uma conta rotativa (*revolving account*)

Uma conta de cobrança regular, é uma conta de crédito de uma determinada loja, na qual o pagamento completo no final do ciclo de cobrança geralmente evita todas as alterações de juros. O pagamento da fatura do cartão na data de vencimento, por exemplo.

As pessoas que usam uma conta de cobrança regular, geralmente são aquelas que veem o crédito como uma conveniência de compra. Suas transações de compra por um mês são acumuladas e enviadas a você no final do mês.

Você concorda com os termos desta conta, pagando o valor total faturado em 10 a 30 dias após a data de cobrança e evita juros ao fazê-lo. No entanto, os juros podem ser cobrados por atraso no pagamento. Os consumidores, devem comparar cuidadosamente os termos sob os quais esse tipo de crédito é oferecido.

Uma conta de crédito rotativo, é uma conta aberta com uma linha de crédito estabelecida, com regras para pagamentos mensais mínimos e encargos com juros. Cartão de crédito e linhas de crédito pessoais, são contas de crédito rotativas. Esse tipo de conta, permite que você faça compras até um limite de crédito, que geralmente é determinado pelo seu registro de crédito e patrimônio líquido. É devido um pagamento mensal mínimo entre 5 e 20% do saldo devedor.

A taxa de juros do saldo remanescente é um encargo financeiro que pode variar de 0,75% a 1,5% ao mês, até uma porcentagem anual limitada pelo estado. Importante sempre verificar qual a taxa de juros anual que está sendo cobrada.

Os juros de conta aberta de cartão de crédito nos EUA, são os que cobram as maiores taxas. Se você pagar o valor total devido no final do mês, usará a conta como uma conta regular, neste caso, não incorrerá juros. Se for uma conta de cartão de crédito, poderá até ganhar *rewards* como incentivo ao consumo.

Estes incentivos podem ser na forma de dinheiro, créditos na fatura ou até mesmo *gift cards* para gastar em lojas específicas, dependendo da política de incentivos da instituição financeira.

Porém muitas vezes, você fará um pagamento parcial, cujo valor depende de quanto crédito usou e dos juros cobrados na conta. Como o saldo é reduzido pelos pagamentos, você poderá novamente fazer compras até o limite, para que a conta nunca seja realmente paga. Os juros são cobrados todos os meses sobre o saldo não pago. Presume-se que seus pagamentos mensais cubram juros primeiro. Se o pagamento exceder a taxa de juros, o excesso reduzirá o principal que você deve. Sempre prestar atenção neste aspecto, que poderá virar uma bola de neve.

Custos de crédito

O maior custo associado ao crédito é a taxa de juros que paga, se o seu empréstimo carregar juros. No mínimo, você deve conhecer a taxa anual (APR – annual percentage rate) do empréstimo, como os juros serão calculados e qual será o total pago ao longo da vida do empréstimo. Ocasionalmente, pode haver despesas diretamente relacionadas ao crédito, como uma taxa anual de manutenção em sua conta. Importante ficar a par de tudo. Na tabela a seguir segue um exemplo das principais taxas e encargos decorrentes da abertura de uma conta de crédito. Os números são meramente ilustrativos e dependem da nota de crédito de cada pessoa.

As empresas de cartão de crédito calculam seu saldo pendente, e o método usado determina as taxas de juros que você paga. Verifique se os saldos são calculados usando:

- Saldo médio ou saldo ajustado;

- Incluindo ou excluindo novas compras.

Dependendo do saldo que transportar e do momento de suas compras e pagamentos, normalmente você terá uma taxa financeira mais baixa com:

TAXAS DE JUROS E ENCARGOS

Annual percentage rate (APR) –	12.99%, 13.99%, or 14.99% introductory APR for one year based on your credit worthiness. APR is 16.99% after that, and varies based on the Prime Rate.
Taxa anual de Juros	Apresenta taxas iniciais introdutórias e depois a taxa que será cobrada após período inicial.
APR for balance transfers –	15.99% but varies with the market based on Prime Rate.
Taxa anual de juros para transferência de saldos	Apresenta a taxa cobrada, baseada no mercado.
APR for cash advances –	21.99% but varies based on Prime Rate.
Taxa anual de juros para saques em dinheiro	Apresenta a taxa cobrada, baseada no mercado.
PENALTY APR –	28.99% for late payments, go over credit limit, or payment is returned. Penalty applies until 6 consecutive payments are made.
PENALIDADES	Apresenta a taxa para pagamentos em atraso, caso ultrapasse o limite de crédito ou o pagamento será devolvido. A penalidade se aplica até que 6 pagamentos consecutivos sejam feitos.
Minimum interest charge – Valor mínimo de cobrança de taxas e encargos.	No less than $1.50. Não menos que $1.50.

- O método de saldo ajustado;
- O método do saldo médio diário, excluindo novas compras;
- O método de saldo anterior.

O método de saldo ajustado – o saldo devedor é o saldo pendente no início do ciclo de faturamento, menos pagamentos e créditos efetuados durante o ciclo de faturamento.

O método do saldo médio diário, excluindo novas compras, o

saldo devedor é a soma dos saldos pendentes de todos os dias no ciclo de faturamento, excluindo novas compras e dedução de pagamentos e créditos, dividido pelo número de dias no ciclo de faturamento. Isso resulta nos menores encargos financeiros mensais. O método de saldo anterior, o saldo devedor é o saldo pendente no início do ciclo de cobrança. Entretanto, nenhum crédito é concedido para pagamentos efetuados.

Flutuação (*float*), é um termo de crédito usado para o número de dias sem juros em um ciclo de cobrança. Esse período normalmente é de 25 dias, e representa o tempo entre o recebimento do extrato mensal, e a data de vencimento do pagamento. A fatura do seu cartão de crédito, é preparada 2 a 3 dias antes da data de fechamento informada no seu extrato.

Quaisquer novas compras que ocorram durante esse período não serão cobradas até o próximo mês. Portanto, se as compras forem cronometradas corretamente, você poderá evitar o pagamento de juros sobre essas novas compras por 50 a 60 dias.

Pagando o saldo devedor de seu cartão de crédito – Paying off the balance

Suponha que você tenha um saldo de $2,000 no cartão de crédito. Não há cobrança adicional no cartão, o pagamento mínimo

DICA DO CONSULTOR

A partir do momento que você estabelecer uma boa nota de crédito, receberá ofertas do seu cartão de crédito com juros zero (APR 0%). De fato, a taxa de juros é zero, mas geralmente é cobrada uma taxa de transação no valor de 3% do montante liberado. Se a oferta de juros for por um prazo que lhe agrade, por exemplo, 1 ano, na verdade, pagará a taxa de 3%, que será o custo efetivo total do empréstimo. Não existe almoço grátis. Fique ligado!!

devido a cada mês é de 2,7% e a taxa de juros anual é de 18%. Quanto tempo levaria para pagar o saldo de $2,000 se você pagasse o mínimo a cada mês?

A resposta é 11 anos. Mais importante, quanto de juros você pagaria à empresa do cartão de crédito?

A resposta é $1,902.

Você precisaria amortizar este empréstimo da seguinte maneira:

* Os juros no primeiro pagamento são de $30 ($ 2,000 x 18%) / 12 meses

* O pagamento mínimo é de $54 calculado como o saldo inicial ($ 2,000 x 2,7%)

* O principal amortizado no primeiro pagamento é de $24 (o pagamento mínimo de $54 – juros de $30)

* Para o próximo pagamento, o saldo é de $1,976 ($2,000 – $24), dos quais $53.35 serão pagos, divididos em $29.64 de juros [($ 1,976 x 18%) / 12] e $23.71 como principal ($53.35 – $29.64).

É só você continuar com esse processo para obter a resposta de 11 anos.

IMPORTANTE!

Outro custo associado aos cartões de crédito, é o risco associado à sua segurança. Se um cartão de crédito for perdido ou roubado, alguém poderá usá-lo, com você pagando a conta. No entanto, a Lei da Verdade no Empréstimo (TILA – *Truth in Lending Act*) limita sua perda a $50 por conta. O consumidor deve relatar o cartão perdido ou roubado ao emissor, antes que o cartão seja usado. Desta forma, o emissor não pode responsabilizar o consumidor por qualquer uso não autorizado da conta.

Relatório de crédito – O seu credit score

Um relatório de crédito contém o histórico de dívida de uma pessoa, geralmente nos últimos sete anos. Incluirá seus detalhes pessoais e o seu endividamento, como:

- Nome completo, idade, endereço e número do *Social Security*;

- O credor para cada conta aberta;

- Registros de pagamentos pontuais e atrasados;

- O saldo mais recente em cada conta;

- A data em que a conta foi aberta;

- A data da atividade recente em cada conta;

- O tipo de dívida de cada conta, como educação, hipoteca, cartão de crédito ou empréstimos pessoais.

Para obter crédito, os credores avaliam sua capacidade de reembolsar um empréstimo. Eles olham para:

1. **Caráter** – Como você se comportou em transações financeiras anteriores?

2. **Capacidade** – Refere-se à sua capacidade de pagar dívidas de acordo com a sua renda futura, usando uma relação dívida/renda. Aqui, o credor analisa não apenas o valor de tais receitas, mas também os compromissos futuros que possam restringí-los.

3. **Capital** – Refere-se à sua força financeira, geralmente medida pelo patrimônio líquido (*net worth*).

Nos EUA, a Lei da Igualdade de Oportunidades de Crédito (*Equal Credit Opportunity Act* – ECOA) insiste que as regras anti-discriminação sejam aplicadas. As leis anti-discriminação, aboliram o uso de outros fatores para determinação da sua nota de crédito, tais como idade, sexo e estado civil.

As agências de crédito, como *Equifax, Experian e TransUnion*, funcionam como câmaras de compensação, para obter informações sobre os históricos de crédito dos mutuários. Uma agência de crédito, armazena apenas informações sobre como você lidou com o crédito no passado, e sobre quaisquer ações legais contra você que possam prejudicar sua força financeira no futuro. A maioria das informações coletadas vem de bancos e outros credores. Outras informações são obtidas de registros públicos.

Como parte da análise de seu pedido de crédito, os credores podem comprar de alguma das agências de crédito, um relatório de crédito sobre você. Os credores usam esse relatório, na decisão de concedê-lo crédito, embora não seja o único fator que levem em consideração. Lembre-se, de que um bom registro de crédito, não garante automaticamente que o crédito seja concedido. Os credores utilizam-se do relatório, para fazerem a análise e aprovação do crédito de uma pessoa. Mas os critérios variam de instituição para instituição.

Se lhe foi negado crédito, seguro ou emprego devido ao seu relatório de crédito, você tem o direito de obter uma cópia gratuita do seu relatório no prazo de 30 dias, após a negação, de acordo com a *Fair Credit Reporting Act de 1971*. Se os fatos estiverem corretos, mas eles não apresentarem seu lado da história de maneira justa, você poderá enviar sua própria declaração para ser incluída em seu arquivo. Além disso, você pode insistir para que todos aqueles que solicitaram um relatório de crédito nos últimos seis meses, sejam notificados de qualquer entrada incorreta ou sem fundamento.

Informações negativas podem permanecer em um relatório de crédito por sete anos. As exceções incluem:

- Informações sobre falências, podem ser relatadas por 10 anos;

- As informações padrão, relativas aos empréstimos estudantis garantidos pelo governo dos EUA, podem ser relatadas por 7 anos após determinadas ações do garantidor.

PONTUAÇÃO DE CRÉDITO FICO

Uma pontuação de crédito, fornece aos credores, uma previsão rápida e precisa do risco envolvido em conceder um empréstimo a um potencial comprador. A pontuação destila as informações encontradas em um relatório de crédito, além de incluir outros fatores, como:

- Idade e renda de uma pessoa;

- Se uma pessoa possui ou aluga uma casa;

- Há quanto tempo a pessoa vive em determinado endereço;

- Há quanto tempo a pessoa trabalha no emprego atual.

Existem vários tipos de pontuações de crédito nos Estados Unidos, com diversos intervalos de pontuação. A escala de pontuação de crédito mais alta ou baixa, depende do sistema de pontuação que o credor usa.

Uma pontuação de crédito é um número destinado a representar o quão bem você gerencia o crédito. A versão mais usada da pontuação de crédito nos EUA é a pontuação FICO, criada e gerenciada pela *Fair Isaac Corporation*. A FICO é talvez a empresa de pontuação de crédito mais conhecida dos Estados Unidos. As pontuações do FICO, normalmente variam de 300 a 850, com a maioria das pessoas dentro da faixa de 600 a 800. O valor do crédito, dependerá do tipo de empréstimo que um mutuário está buscando. Por exemplo, um *mortgage broker*, empresa ou profissional especializado em financiamentos imobiliários, dará mais peso a diferentes fatores de crédito, do que uma administradora de cartão de crédito.

Os credores obtêm três pontuações do FICO, porque oferecem um histórico de crédito completo, mas não existe uma pontuação única de "corte" usada por todos os credores. Existem outros sistemas de pontuação utilizados especificamente para financiamento de veículos, numa escala que vai até 920 e outros que vão até 950.

Algumas pontuações têm intervalos que diminuem – quanto menor a pontuação, menor o risco de empréstimo. Em alguns deles, zero é realmente a "melhor" pontuação que você pode obter. Portanto, a pontuação mais alta depende do sistema de pontuação usado pelo credor.

Diferentemente do Brasil, nos EUA existem cinco fatores avaliados em ordem de significância para se definir a pontuação.

DICA DO CONSULTOR

Revise o seu relatório de crédito pelo menos uma vez por ano para identificar quais empréstimos estão pendentes e se algum pagamento atrasou. Pagamentos em atraso e excesso de limites de crédito, resultarão em uma pontuação de crédito mais baixa. Quanto menor a pontuação de crédito, maior a taxa de juros paga nos empréstimos, o que afeta o custo da dívida ao longo do tempo. Os pagamentos devem ser feitos em tempo hábil e devem atingir valores mínimos. Os clientes que estão atrasados no pagamento da dívida, podem considerar pagar pelos serviços de consolidação da dívida. Um cliente que não está atrasado em dívidas, pode ligar para o departamento de cobrança de cada empresa de cartão de crédito, para fazer um plano de redução do pagamento mensal. Pagar um saldo devedor, mesmo que seja de um valor baixo, pode aumentar a confiança de que outras dívidas podem ser pagas.

Não basta apenas pagar as contas em dia. É preciso entender, e cumprir com os requisitos destes cinco fatores, conforme segue:

- **Inadimplência passada (35% da pontuação).** Pessoas que falharam no pagamento no passado tendem a fazê-lo no futuro. A coisa mais importante a fazer para aumentar sua pontuação de crédito, é realizar pagamentos pontuais.

- **A maneira como o crédito foi usado (30% da pontuação).** Uma pessoa que está no limite máximo ou perto do limite de empréstimo no cartão de crédito, está exposta a um risco maior. Tente manter os saldos o mais baixo possível e, idealmente, abaixo de 30% do limite de crédito.

- **Duração do histórico de crédito (15% da pontuação).** Pessoas que têm crédito há muito tempo são expostas a menos riscos. Certifique-se de manter suas contas mais antigas ativas. No caso de cartões de crédito, o uso do cartão a cada seis meses o mantém ativo.

- **Novo crédito (10% da pontuação).** O número de vezes que uma pessoa solicita crédito afeta negativamente a pontuação. Exemplo, aqueles que iniciaram solicitações de vários cartões de crédito, empréstimos ou outros instrumentos de dívida por um curto período. Consultas difíceis surgem quando um mutuário solicita novas contas de crédito que afetam negativamente a pontuação.

- **Tipos de crédito utilizado (10% da pontuação).** Uma pessoa com apenas um cartão de crédito protegido, está exposta a correr mais riscos do que alguém com uma combinação de empréstimos parcelados e rotativos. Portanto, uma mistura de tipos de crédito, como empréstimos parcelados e rotativos, podem melhorar sua pontuação.

Algumas medidas que você pode tomar para melhorar sua pontuação de crédito:

- Pague os saldos devedores dos cartões de crédito integralmente antes do vencimento da conta;
- Mantenha baixos os saldos devedores dos cartões de crédito;
- Não use muitas linhas de crédito;
- Efetue pagamentos parciais em contas em atraso, porque quanto mais a dívida estiver em atraso, mais ela diminuirá sua pontuação;
- Faça de 6 a 12 pagamentos pontuais seguidos para melhorar sua pontuação.

Esteja ciente de que algumas atividades afetarão sua pontuação de crédito. Por exemplo:

- Candidatura a vários cartões de crédito em um curto espaço de tempo.
- Abrir contas de cartão de crédito novas e desnecessárias.
- Fechamento de cartões de crédito atuais. Isso afetará sua pontuação, pois diminui a capacidade disponível.
- Não usar cartões de crédito, deixando-os inativos. É melhor comprar itens baratos no cartão periodicamente e pagá-los integralmente.
- Usar o máximo do limite dos cartões de crédito. Isso pode diminuir sua pontuação de crédito, mesmo que o saldo seja pago pontualmente todos os meses. Em vez disso, espalhe os pagamentos por vários cartões.

A estratégia de pagamento da dívida que você selecionar, terá um impacto direto no seu relatório e pontuação de crédito. Seu relatório de crédito, é essencialmente um resumo do seu histórico financeiro.

Os credores usam seu relatório de crédito para determinar se eles concedem ou não crédito a você, e a que taxa de juros. Você deve acompanhar lado a lado o seu relatório e pontuação de crédito. Esse número de três dígitos, geralmente entre 350 e 850, quantifica sua capacidade de crédito para os credores.

Como é calculada sua pontuação de crédito?

- 35%: histórico de pagamentos;

- 30%: valores devidos sobre crédito e dívida;

- 15%: duração do histórico de crédito;

- 10%: novo crédito;

- 10%: tipos de crédito utilizados.

CREDIT SCORE BENCHMARKS (EXPERIAN)

800 e superior: excelente classificação de crédito. 1% dos consumidores com mais de 800 pontos provavelmente se tornarão devedores inadimplentes no futuro.

740-799: classificação de crédito muito boa. 2% dos consumidores com uma pontuação de 740-799 provavelmente se tornarão devedores inadimplentes no futuro.

670-739: boa classificação de crédito. 8% dos consumidores com uma pontuação de 670-739 provavelmente se tornarão devedores inadimplentes no futuro.

580-669: classificação de crédito justa. 27% dos consumidores com uma pontuação de 580-669 provavelmente se tornarão devedores inadimplentes no futuro.

579 ou inferior: classificação de crédito ruim. 61% dos consumidores com pontuação igual ou inferior a 579 provavelmente se tornarão devedores inadimplentes no futuro.

O crédito saudável é um ativo importante para estratégias de criação de riqueza, como solicitar um financiamento imobiliário ou realizar um empréstimo para pequenas empresas.

É importante verificar o relatório de crédito pelo menos uma vez por ano. Isso envolve ir ao site <www.annualcreditreport.com> para acessar o relatório de crédito gratuito de cada agência de crédito. Observe que o relatório de crédito gratuito não incluirá a sua pontuação de crédito.

Alguns estados, permitem que os residentes acessem seu relatório de crédito gratuito de cada agência mais de uma vez ao ano. Geralmente, você tem o direito de solicitar o relatório uma vez por ano.

GESTÃO DO ENDIVIDAMENTO

A dívida não é inerentemente boa nem ruim. A dívida, nos permite adquirir ativos, que de outra forma não poderíamos, com um único pagamento fixo; como um apartamento, uma casa de férias, um automóvel etc. A capacidade de estender os pagamentos por um determinado tempo, torna viável a aquisição do ativo.

A sua capacidade de adquirir e "alavancar" dívidas em vários estágios de sua vida, permitirá construir sua riqueza, melhorar a sua educação, comprar a sua casa, iniciar um negócio ou melhorar

DICA DO CONSULTOR

Uma forma de você acompanhar gratuitamente a sua pontuação de crédito, é através do site ou app Credit Karma. A utilização é bem simples e ele o atualiza constantemente sobre modificações no seu crédito, inclusive enviando e-mails e notificações. É só se cadastrar no site <www.creditkarma.com>. Você também pode baixar o aplicativo no seu smartphone.

seu estilo de vida. A desvantagem de adquirir dívidas, é que altos pagamentos de juros ou dificuldade em pagar um empréstimo causarão um ônus financeiro e afetarão a sua capacidade de cumprir suas metas de curto e longo prazo.

O mecanismo usado para compensar o credor por emprestar dinheiro ao mutuário, está na taxa de juros do empréstimo. Devido à possibilidade de inadimplência de quaisquer pagamentos remanescentes, a caução ou uma hipoteca é usada pelo credor para recuperar o ativo por falta de pagamento. Todo o resto é igual, quanto mais forte for o colateral ou menor a relação dívida/ativo, menor probabilidade de inadimplência e menor a taxa de juros a ser cobrada.

DICA DO CONSULTOR

Nunca deixe de pagar as suas obrigações da dívida. Você deve continuar a pagar a dívida mensal dentro do prazo.

Capítulo 8

TOMANDO BOAS DECISÕES FINANCEIRAS

Saiba que são suas decisões, e não suas condições, que determinam seu destino.

Anthony Robbins

Um dos aspectos mais importantes da vida financeira do imigrante é em relação à tomada de decisão de empréstimos e financiamentos aqui nos Estados Unidos. Existem decisões com as quais o imigrante, inevitavelmente, irá se deparar. Decisões da forma de aquisição do veículo, da compra ou aluguel da casa, são exemplos corriqueiros. Para esse tipo de tomada de decisão, inevitavelmente a pessoa acaba recorrendo ao crédito. O efeito da "alavanca" financeira para atingir os seus objetivos mais rapidamente. Mas é preciso tomar cuidado e usar o crédito de forma consciente e que irá beneficiá-lo.

Uma boa gestão do endividamento pressupõe compreender o funcionamento das linhas de crédito disponíveis, das condições, das taxas de juros, bem como o tempo de maturidade, ou seja, o tempo de repagamento do principal e dos juros, as datas de vencimento de qualquer obrigação financeira assumida.

Nos EUA existem linhas de crédito e empréstimos ao consumidor. É importante entender a sistemática de cada um deles, para que você tome boas decisões financeiras. Grande parte do sucesso financeiro nos EUA, vai depender da sua postura e decisões sobre como você gerencia o seu nível de endividamento.

Como falei anteriormente, a liquidez por aqui é enorme, e a partir do momento em que as instituições financeiras passam a confiar em você, o seu limite e o acesso a novas linhas de crédito aumentam consideravelmente. Por isso, entendê-las é fundamental.

Uma linha de crédito aberto, por exemplo um cartão de crédito, é usado para fazer compras de conveniência, como o jantar de hoje à noite ou um novo par de sapatos. Os empréstimos ao consumidor são geralmente usados para compras maiores, como a aquisição de um carro. Com empréstimos ao consumidor, você pode pegar um volume maior em dinheiro emprestado e pagá-lo em um ritmo mais lento do que com o crédito aberto, mas é necessário manter um cronograma de pagamento definido.

Como eles o forçam a planejar sua compra e seu cronograma de pagamento, os empréstimos ao consumidor tendem a ser chamados de empréstimos planejados. Existe um esquema de amortização do valor principal e dos juros, que são cobrados geralmente em parcelas mensais.

O empréstimo ao consumidor pode ser considerado uma faca de dois gumes. Por um lado, permite consumir mais, agora. Por outro lado, cria uma obrigação financeira que pode ser um fardo mais tarde. Portanto, é essencial que o imigrante tome decisões cautelosas de endividamento.

Os empréstimos nos EUA podem ser garantidos (*secured loans*) ou não garantidos (*unsecured loans*).

Um empréstimo garantido é aquele que possui um ativo específico, como garantia em caso de inadimplência. Se você não conseguir cumprir com os pagamentos do empréstimo, esse ativo poderá ser apreendido e vendido para cobrir o valor devido.

Muitas vezes, o ativo adquirido com os fundos do empréstimo, é usado como garantia. Os exemplos incluem um empréstimo para aquisição de equipamento ou um financiamento de um carro.

Um empréstimo não garantido não exige garantias. Em geral, empréstimos não garantidos de valores mais altos são concedidos apenas a mutuários com excelente histórico de crédito, porque o único título de segurança que o credor possui é a promessa de pagamento do indivíduo.

A grande desvantagem dos empréstimos não garantidos é que eles são muito caros, devido ao maior risco da instituição financeira. Isso inclui dívidas de cartão de crédito e empréstimos pessoais. Os empréstimos nos EUA podem ser de pagamento único (*single-payment loans*) ou parcelado (*installment loans*).

Um empréstimo de pagamento único, também conhecido por aqui como balloon loan, é pago de volta em um único pagamento fixo (*lump-sum payment*), na data de vencimento do empréstimo, que geralmente é especificada no contrato de empréstimo. Nessa data, você devolve o valor emprestado, acrescido de todas as taxas de juros. Empréstimos de pagamento único geralmente têm um prazo relativamente curto, em torno de menos de um ano.

Um empréstimo parcelado exige o pagamento de juros, e o valor do principal em intervalos regulares, com os níveis de pagamento definidos, para que o empréstimo expire em uma data predefinida.

O valor do pagamento mensal referente aos juros, é maior no início e diminui constantemente, enquanto o montante amortizado referente ao principal, começa menor e aumenta constantemente. Com efeito, à medida que vocêpaga mais parcelas a cada mês, suas despesas com juros diminuem e a amortização do valor do principal aumenta.

Empréstimos a prestações são muito comuns; e são usados para financiar carros, eletrodomésticos e outros itens. O sistema de amortização utilizado em pagamentos de prestações fixas e sucessivas chama-se Sistema Price[1].

Os pagamentos de juros associados a um empréstimo ao consumidor podem ser fixos ou variáveis.

Um empréstimo com taxa de juros fixa não está vinculado às taxas de juros de mercado e mantém uma única taxa de juros por toda a duração do empréstimo. Independentemente de as taxas de juros do mercado subirem ou descerem, a taxa de juros que

---

DICA DO CONSULTOR

As taxas de juros exercem um fator determinante na escolha e decisão de um empréstimo, pois elas representam o custo de capital do empréstimo. Logicamente, quanto maior a taxa de juros, maior o custo de capital. Portanto, o consumidor deve sempre pesquisar as taxas e comparar com as opções disponíveis no mercado. Nunca assine nenhum contrato de empréstimo sem revisar detalhadamente as taxas de juros e a sua forma de capitalização. Todo contrato deve conter a forma de cobrança e acumulação dos juros sobre o capital, além dos demais custos associados, como fees e taxas de abertura de crédito etc. Algumas vezes, estas informações são apresentadas em letras bem pequenas. Pegue uma lupa, mas saiba o que você está assinando.

---

1. Tabela Price, ou Sistema Francês de Amortização, é amplamente utilizada em todo o mundo ocidental por ser o único sistema que permite o pagamento em parcelas iguais e periódicas ao longo do prazo do empréstimo.

você paga, permanece fixa. A grande maioria dos empréstimos ao consumidor nos EUA, tem taxas fixas. Isso protege o consumidor contra o aumento do valor das parcelas no futuro.

Um empréstimo de taxa de juros variável ou ajustável está atrelado a uma taxa de juros de mercado, como a taxa básica de juros ou a taxa de títulos do Tesouro Nacional dos EUA (*T-Bills*) com vencimento de seis meses. A taxa de juros que você paga varia conforme a mudança da taxa de mercado. O empréstimo é indexado.

A taxa básica de juros é a mesma que os bancos cobram dos clientes (*prime rate*), com maior nota de crédito (*credit score*). A maioria dos empréstimos ao consumidor é definida acima da taxa básica de juros, ou da taxa de títulos do Tesouro Americano. Por exemplo, seu empréstimo pode ser definido em 6% acima da *prime rate*. Caso a taxa básica de juros seja de 2% no momento, a taxa paga no seu empréstimo de taxa variável será de 8%. Se a taxa básica de juros cair para 1%, sua taxa mudará para 7%.

O empréstimo é indexado. Geralmente, as taxas de juros de mercado acompanham a previsão de inflação. Se a inflação subir, elas tendem a subir, para manter o poder de compra dos investidores.

Nem todos os empréstimos de taxa variável são iguais. Por exemplo, as taxas podem ser ajustadas em diferentes intervalos. Alguns empréstimos se ajustam a cada mês, outros a cada ano.

Quanto menos frequente for o ajuste do empréstimo, menos você precisará se preocupar com as alterações nas taxas. Maiores variações periódicas afetam o seu planejamento, pois os valores das prestações podem mudar várias vezes ao ano. Uma alternativa a um empréstimo de taxa fixa ou variável é um empréstimo conversível.

O empréstimo conversível é um empréstimo de taxa variável, que pode ser convertido em um empréstimo de taxa fixa de acordo com a opção do tomador, em datas especificadas no futuro. Embora os empréstimos conversíveis sejam muito menos comuns que os empréstimos variáveis ou de taxa fixa, eles oferecem a vantagem de um custo mais baixo do que um empréstimo de taxa variável; e ainda garantem a economia de um empréstimo de taxa fixa.

Algumas instituições oferecem esta alternativa, é sempre bom discutir todas as alternativas, antes de simplesmente assinar o contrato.

DECISÃO FINANCEIRA DE COMPRAR OU ALUGAR UMA CASA

Ao examinarmos a decisão de alugar ou comprar um imóvel, numa perspectiva financeira, percebemos que é uma questão de trade-offs e custo de oportunidade. Ao alugarmos reduzimos nossas despesas iniciais, preservamos nosso capital líquido para outras coisas, e limitamos nossa exposição a custos de manutenção. Mas também, devemos obedecer a quaisquer regras ou restrições impostas pelo proprietário do imóvel. Como a restrição de cores no ambiente interno, a não permissão de animais de estimação e a não alteração do paisagismo. Os locatários enriquecem o proprietário ao longo do tempo e não constroem nenhum patrimônio para si.

Outro ponto importante a se considerar aqui nos EUA, é sobre o tempo de contrato. Alguns estados exigem tempo mínimo de contrato de aluguel e o locatário não pode planejar ficar muito tempo no mesmo endereço, pois o proprietário pode simplesmente pedir o imóvel, ou até mesmo pedir um valor mais alto na renovação.

As leis aqui são diferentes do Brasil, e variam de estado para estado. Como a economia é bem liberal, não existem tantas proteções quanto a lei do inquilino, no Brasil. No entanto, o aluguel também pode ser benéfico para alguém que precisa mudar-se a cada 2-3 anos. Nessa situação, pode não fazer sentido investir um valor considerável de entrada para aquisição da propriedade da casa, uma vez que o curto período de estadia, pode impedir que ele se beneficie da apreciação do valor da casa que pode ocorrer por períodos mais longos, geralmente acima de 10 anos.

Uma olhada na quantidade de fluxos de caixa recebidos, e na quantidade de fluxo de caixa discricionário livre, não alocado de outra forma, disponível para despesas; pode ser um dos primeiros passos para tomar a decisão de compra ou aluguel. Você pode comparar seu fluxo de caixa livre com os pagamentos da prestação do mortgage, além de despesas de propriedade, para ver qual opção é mais acessível para você.

Como grande parte da decisão de aluguel ou compra gira em torno de custos, vejamos alguns dos custos associados a cada alternativa.

Eles podem ser separados em 3 categorias:

- Custos únicos (*one time costs*);

- Custos recorrentes (*recurring costs*);

- Custos de manutenção (*maintenance costs*).

Uma hipoteca (*mortgage*) é qualquer produto em que haja uma garantia registrada contra a residência principal ou secundária. Uma hipoteca pode ser de várias formas, como 1ª hipoteca, 2ª hipoteca ou 3ª hipoteca, todas com taxas de juros variáveis ou fixas, por um período especificado. Uma hipoteca também pode ser um refinanciamento da própria casa, no qual o mutuário usa o patrimônio líquido de sua própria casa para obter um empréstimo, podendo ser com taxas variáveis ou fixas. Sempre que houver uma garantia na casa, o empréstimo é uma hipoteca (*mortgage*).

Os credores hipotecários fazem a análise de crédito do pleiteante. Os credores documentam e verificam oito critérios, para tentar determinar se um mutuário é capaz de reembolsar o empréstimo. A documentação inclui renda, ativos, histórico de crédito, outras obrigações de dívida e status de emprego. Um proprietário que não tiver condições de pagar seu empréstimo, terá motivos para impetrar uma ação judicial, se esses critérios não estiverem bem documentados.

Uma surpresa para muitos compradores iniciantes é o capital inicial (*down payment*), necessário para comprar uma casa nos Estados Unidos. No mínimo cerca de 5% do valor do imóvel. Ao alugar uma casa nos Estados Unidos, o custo inicial normalmente é o depósito do primeiro e do último mês de aluguel, além de um depósito de segurança adicional referente ao valor de um mês de aluguel. Por exemplo, se o aluguel for de $2,000 por mês, talvez seja necessário desembolsar aproximadamente $6,000 referente ao primeiro mês + último mês + depósito de segurança.

A tabela na página seguinte descreve alguns dos custos associados à compra de uma casa.

Custos PITI[2] recorrentes

O custo principal do aluguel é o próprio aluguel. O custo total do aluguel por 7 anos, é simplesmente sete vezes o custo do aluguel de 1 ano, embora o aluguel provavelmente aumente nesses 7 anos. Outros custos do aluguel incluem o seguro do locatário e o custo de oportunidade dos juros perdidos, devido à vinculação de recursos no depósito de segurança, que ficam sem remuneração alguma ao longo do tempo.

2. PITI refere-se a principal, interest, taxes, and insurance. Ou seja, os custos associados ao principal da dívida, juros devidos, impostos e seguros inerentes.

CUSTO	DESCRIÇÃO
Down Payment	A parte do preço de compra que não é emprestada por meio de um financiamento imobiliário, representa o adiantamento do comprador. Isso se torna o patrimônio inicial do proprietário da casa. Um adiantamento de 20% é comum, mas não obrigatório. Os adiantamentos podem chegar a 5% (e às vezes até menores com programas especiais do governo). No caso de um adiantamento de menos de 20%, o comprador terá que obter um seguro de hipoteca privado para obter o financiamento.
Closing Costs	Despesas associadas à finalização da transferência de propriedade da casa, podem variar de 3 a 7% do preço da casa.
Loan Origination Fee	Seu objetivo é compensar o credor pelo custo de originar, revisar e finalizar o empréstimo.
Loan Application Fee	Uma taxa, geralmente na faixa de $200 a $500, cobrada referente aos custos de processamento associados ao empréstimo (como uma taxa de avaliação e um relatório de crédito). Pode ou não ser reembolsável.
Appraisal Fee	Uma taxa para uma avaliação da casa, geralmente necessária antes da aprovação de um financiamento imobiliário. Uma avaliação confirmará o valor justo de mercado da propriedade, com base no histórico de vendas de propriedades semelhantes, na mesma área. O custo varia dependendo do tamanho e da localização da casa.
Title Search	Uma investigação dos registros públicos para determinar os direitos legais de propriedade de uma casa. O credor quer garantir que a casa passe de forma limpa (sem ônus) do vendedor para o comprador.

Na casa própria, a maioria dos custos recorrentes geralmente consiste em pagamentos mensais das prestações do financiamento imobiliário, cujo tamanho depende do valor que foi emprestado, a que taxa de juros e por quanto tempo.

Basicamente, quanto maior a taxa de juros do seu financiamento, maiores serão os pagamentos mensais. Além disso, quanto menor o prazo ou a duração do empréstimo, maiores os pagamentos mensais. Obviamente, quanto mais você paga a cada mês, menos tempo leva para pagar o financiamento.

Os pagamentos da prestação do mortgage são o custo recorrente primário, mas na verdade são compostos de quatro custos, geralmente chamados de PITI, que significa:

1. Principal;

2. Juros;

3. Impostos;

4. Seguro (proprietário e/ou PMI).

Além de pagar o principal do empréstimo e os juros, você precisará pagar impostos sobre a propriedade e prêmios de seguro. Os impostos mensais da propriedade e os pagamentos do seguro, geralmente são feitos junto com o principal do empréstimo e os pagamentos de juros, e são mantidos para você em uma conta de reserva especial, denominada conta de garantia (*escrow account*).

Os recursos se acumulam com o tempo até serem sacados para pagar impostos e seguros. Como regra geral, seus custos com PITI não devem exceder 28% de sua renda mensal antes dos impostos. Esse índice, que compara as despesas mensais de moradia com a

---

DICA DO CONSULTOR

Caso você não tenha disponível o valor mínimo de 20% para o adiantamento (*down payment*), converse com o seu corretor de financiamento imobiliário (mortgage broker) sobre a possibilidade de aplicar para uma hipoteca combinada. Esta dica só se aplica para aqueles imigrantes que já possuem histórico de crédito estabelecido (nota acima de 720) e um certo tempo nos Estados Unidos. Os recém-chegados e não residentes fiscais dos EUA dificilmente conseguirão este tipo de financiamento.

renda mensal bruta do comprador, é chamado de *front-end*, ou obrigação primária.

O segundo critério que os financiadores de hipotecas nos EUA usam para determinar se deve conceder uma hipoteca residencial, ou uma linha de crédito para aquisição ou refinanciamento de uma casa, é chamado de índice de *back-end* ou índice de obrigação total.

Esse é um índice de dívida total que compara o PITI do mutuário, acrescidos de outros pagamentos mensais da dívida, relativos à renda mensal bruta do mutuário.

Exemplo:

Roberta está comprando uma nova casa. Sua renda anual é de $120,000 e seus pagamentos projetados são os seguintes.

PITI na nova casa – $2,800/mês

Índice de *front-end*: $2,800/$10,000 = 28%

Se o requisito do credor for que o índice de *back-end* não possa exceder 35%, a dívida mensal total não poderá exceder 35% da receita mensal antes dos impostos. $10,000 x 35% = $3,500, que é o valor da proporção de *back-end*. Subtraia o pagamento da hipoteca de $2,800 de $3,500 e o comprador poderá ter até $700 em outras dívidas mensais, além do PITI, e ainda assim se qualificar para o empréstimo hipotecário.

COMPARATIVO DO CÁLCULO DE ALUGUEL X COMPRA

O *Journal of Financial Planning*[3] informou que leva cerca de três anos morando em uma casa para alcançar o ponto de equilíbrio onde comprar a casa faz mais sentido financeiro do que alugar,

---

3. Maiores informações acesse em: < https://www.onefpa.org/journal/Pages/default. aspx >

pesquisa essa compilada com dados de 75% das cidades dos EUA. Isso se baseia em custos como pagamento de hipoteca, adiantamento, aluguel, custos de transação, impostos etc.

A revista *Money* publicou em março de 2018, um estudo do Urban Institute, no qual constatou que de acordo com a nova lei tributária, os chamados aluguéis de equilíbrio – ou seja, valor mensal acima do qual é melhor os locatários se tornarem proprietários – aumentaram significativamente para a classe média alta e contribuintes ricos.

Sob a regra antiga, por exemplo, para uma família típica de três pessoas que ganha $75,000 por ano, a posse tornou-se mais vantajosa financeiramente quando o aluguel mensal da família excedia $893. Sob a nova lei tributária, esse número sobe 14% para $1,017. Para famílias ricas, a diferença pode ser ainda mais dramática. Para uma família que ganha $300,000 por ano, o aluguel de equilíbrio aumenta 32%, de $2,757 por mês para $3,631.

Ao avaliar a decisão financeira de alugar ou comprar uma casa, é útil identificar os custos associados a cada opção e, em seguida, aplicar o valor temporal apropriado dos conceitos e ajustes monetários da inflação.

A decisão financeira requer um estudo aprofundado dos seguintes itens:

- Custos únicos;
- Custos recorrentes;
- Custos de manutenção.

DICA DO CONSULTOR

Como regra geral, seu PITI mensal não deve exceder 28% da renda bruta total. Suponha que sua renda total anual seja de $120,000, neste caso a conta é a seguinte: (120,000 / 12 meses) * 28% = 2,800. O seu PITI não pode ultrapassar do valor mensal de $2,800.

Exemplo de comparação financeira:

- Suponha que em 1º de janeiro uma casa seja vendida por $400,000 e possua impostos imobiliários (*property taxes*) anuais de $10,000.

- Você financia a compra em 80% com uma taxa de 6% ao ano, no prazo de 30 anos. Valor financiado será de $320,000.

- Sua faixa marginal de imposto é de 25%.

- Um aluguel comparável nesta mesma casa é no valor de $2,500 mensais.

Pergunta: Qual é o fluxo de caixa líquido após impostos da casa por um ano?

Primeiro passo: responder qual é o pagamento mensal da hipoteca?

Resposta: O pagamento mensal da hipoteca é de $1,918.56

- 320000 CHS PV

- i 0.50 (ou seja, 6% ÷ 12)

- n 360

- PMT = $1,918.56

Valor Total das Prestações	$23,023 = ($1,918.56 x 12 meses)
Total de Impostos Prediais	10,000
Subtotal	$33,023
Menos: Dedução Tributária	(2,500) = 10,000 x 25% tax bracket
Menos: Dedução dos Juros do Financiamento	(4,773) = 19,093 x 25% tax bracket
Fluxo de Caixa líquido após os impostos	$25,750 por ano = $2,146 por mês

Nota: Os juros de $19,093 são calculados, usando a calculadora HP12C, usando sua tecla AMORT e amortizando os 12 pagamentos no primeiro ano deste exemplo:

12 f AMORT = $19,093 de juros para os primeiros doze pagamentos.

Pressione a tecla "X> <Y" = $3,930 de principal nos doze primeiros pagamentos

Observe que $19,093 + $3,930 = $23,023 e isso equivale ao pagamento mensal de $1,918.56 x 12 meses ou $23,023 (alguns centavos de arredondamento são comuns ao amortizar um empréstimo usando a calculadora HP-12C).

Outras questões financeiras e não financeiras para determinar se alugamos ou compramos uma casa incluem:

- Comparação da localização das propriedades, sistema escolar da cidade, distância da residência até o trabalho, proximidade com a família, lojas, restaurantes etc.
- O aluguel pode aumentar com o tempo e se tornar muito caro para um locatário continuar morando lá.
- Reparos no imóvel, seguro de propriedade e impostos sobre a propriedade devem ser pagos pelo proprietário e não pelo locatário.
- Uma perda ou ganho de capital ocorre quando uma casa é vendida.

REQUERIMENTOS PARA ADQUIRIR UMA CASA FINANCIADA NOS EUA

A decisão de comprar uma casa financiada, deve considerar o seu estilo de vida e as perspectivas financeiras, de forma que seja

DICA DO CONSULTOR

Ao comparar os resultados financeiros líquidos de uma decisão de comprar ou alugar uma casa, considere também as várias questões não financeiras que podem impactar a tomada desta decisão.

possível determinar quanto você pode gastar. A regra geral é que você não deve gastar mais de 25% de sua renda após impostos com despesas de moradia. Isso normalmente implica um preço de compra da casa cerca de duas vezes e meia a renda anual após impostos do comprador.

A *Federal Loan Mortgage Corporation* (Freddie Mac) criou um modelo para ajudar a calcular o valor, que você pode gastar na compra de uma casa. O cálculo leva em consideração o seu nível de despesas com moradia, além dos pagamentos de suas dívidas, em relação a sua renda, para calcular o valor da prestação mensal de financiamento da casa que você pode pagar. O modelo começa com sua renda bruta anual.

A Freddie Mac recomenda que suas despesas mensais com moradia não excedam 28% da renda mensal bruta. Também sugere que seu total de pagamentos mensais da dívida, incluindo despesas de moradia, não exceda 33 a 36% do total da renda mensal bruta.

Outra medida significativa, é a abordagem de renda residual, que leva em consideração a capacidade da família de suprir as necessidades básicas, depois de pagar pela moradia. Famílias com renda mais alta ou moderada e nenhuma criança, pode gastar mais em custos de moradia do que outras famílias. O índice de acessibilidade[4] de localização, calcula a porcentagem da renda de uma família necessária para pagar os custos de moradia, e transporte em um determinado local.

Ajudando você a decidir

Você pode decidir tendo uma ideia aproximada do que pode pagar, trabalhando de trás para frente a partir de sua renda. Suponha

---

4 Disponível em: < https://www.hudexchange.info/programs/location-affordability-index/ >

que você ganha \$100,000 por ano, se fizermos algumas suposições, podemos dar-lhes um ponto de partida para determinar o montante do *mortgage* que você pode pagar.

Etapa 1 – Divida a renda anual por 12 para determinar a renda mensal bruta \$100,000 / 12 = \$8,333.33.

Etapa 2 – Como os credores permitem que você use 28% de sua renda mensal bruta em sua residência principal, podemos multiplicar a sua renda mensal por 28%. \$8,333.33 × .28 = \$2.333,33.

Etapa 3 – O número que derivamos na etapa anterior deve representar o pagamento total, ou seja, PITI (principal, juros, impostos e seguros). Agora precisamos fazer nossa primeira suposição. Se assumirmos que os impostos e seguros representam 20% do total, o valor do principal e os juros representam 80%. Portanto, \$2,333.33 reduzidos em 20% nos fornece o valor de \$1,866.66 de valor de principal e juros da prestação.

Etapa 4 – Agora devemos fazer nosso segundo conjunto de premissas com base nas taxas de juros atuais, e no prazo do empréstimo que o comprador procura. Normalmente, as taxas de hipotecas atuais podem ser encontradas em qualquer site de empresas que fazem financiamento imobiliário nos EUA, ou em um site como o https://www.bankrate.com/

Neste exemplo, vamos supor uma taxa de juros de 3,50%

DICA DO CONSULTOR

Primeiro, a compra de uma casa geralmente só é financeiramente viável se você pretende permanecer nela pelo menos 3 anos ou mais. Quanto mais tempo você fica na casa, mais valoriza e mais financeiramente vantajosa é a compra (e a venda). Segundo, os benefícios fiscais de comprar em vez de alugar são substanciais e reduzem muito seus custos após impostos, tornando a propriedade ainda mais atraente.

para um mortgage de taxa fixa de 30 anos. Usando a calculadora financeira HP12C:

1,866.67 **CHS PMT**

360 **n**

3.5 ENTER 12 ÷ **i**

PV = $415,698.05

Portanto, em termos aproximados, neste caso você se qualifica para um financiamento imobiliário de $415,000.

DICA DO CONSULTOR

Na realidade, você pode até obter um valor de financiamento maior, dependendo da pontuação de crédito e de outros fatores, mas pelo menos você terá uma estimativa do que tem condições de pagar.

VANTAGENS FISCAIS

Existem várias vantagens fiscais associadas à compra de uma casa, especialmente para os contribuintes que especificam deduções de imposto de renda, que excedem o valor padrão da dedução.

Importante sempre buscar informações junto ao site do IRS sobre as regras e valores de dedução, que podem modificar-se periodicamente. Também é sempre importante consultar um CPA (*Certified Public Accountant*). O CPA é um profissional competente nos EUA, para orientá-lo em questões tributárias. CPA seria o equivalente ao contador no Brasil. Interessante mencionar que aqui nos EUA, uma pessoa não precisa ser contador para prestar serviços de abertura de empresa, preencher formulários fiscais (como a declaração do imposto de renda), entre outros. Portanto, não confunda um escritório de preparação de impostos com um escritório de um CPA, que é um profissional bem mais qualificado, além de ter responsabilidade legal sobre os seus pareceres e recomendações.

ASPECTOS IMPORTANTES NA ESCOLHA DE UM FINANCIAMENTO IMOBILIÁRIO NOS EUA

O fato de você poder ou não comprar uma casa, não depende apenas do valor, mas também da especificidade da hipoteca (*mortgage*), ou seja, o tempo de repagamento, se a taxa de juros muda com o tempo e se é segurado pelo Governo Federal.

Cada tipo de financiamento imobiliário pode ter uma taxa de juros diferente. Em geral, quanto menor o prazo do financiamento, menor a taxa de juros. Portanto, uma hipoteca de taxa fixa de 15 anos, normalmente tem uma taxa de juros mais baixa do que uma hipoteca de taxa fixa de 30 anos.

As taxas de juros da hipoteca podem ser fixas, ou os juros podem se ajustar e variar ao longo da vida do financiamento. Ao comparar taxas, é importante comparar a mesma combinação de taxas de juros e pontos citados pelos credores.

A escolha de uma hipoteca será influenciada pelas respostas a estas perguntas:

- Quantos anos você espera morar em sua casa?

- Qual a importância de estar livre de dívidas hipotecárias

DICA DO CONSULTOR

O Freddie Mac oferece planilhas e calculadora para ajudar os consumidores a determinar o que podem pagar. Acesse o site My Home da Freddie Mac® < https://myhome.freddiemac.com/ >. O site é intuitivo e ajudará você a decidir se é melhor comprar ou alugar, devido às suas condições e circunstâncias pessoais.

antes de pagar pela faculdade de seus filhos, ou começar sua própria aposentadoria?

- Você se sente confortável com a certeza de um pagamento fixo de hipoteca, ou um pagamento variável?

Mortgage com taxa fixa

Em um empréstimo hipotecário de taxa fixa, o pagamento mensal não muda, independentemente do que acontece com as taxas de juros do mercado. Portanto, não importa quanto as taxas de juros possam flutuar, seu pagamento mensal permanecerá o mesmo. O valor é fixo.

O prazo ou duração das hipotecas de taxa fixa pode ser de 10, 15, 20, 25 ou 30 anos, sendo que os empréstimos hipotecários de taxa fixa de 30 anos os mais populares. A maioria das hipotecas de taxa fixa permite o pagamento antecipado do principal, o que, em essência, acelera a amortização do empréstimo.

Opção de pagamento antecipado

A opção de pagamento antecipado permite que o devedor tenha condições de pagar antes do vencimento, o valor do principal da dívida, reduzindo assim o montante de juros devidos. A maioria das hipotecas de taxa fixa permite que o mutuário pague antecipadamente, o valor do principal sem restrição.

Algumas hipotecas de taxa ajustável podem incluir uma penalidade de pagamento antecipado, impedindo que o mutuário efetue pagamentos antecipados do valor principal ou, mais comumente, impedindo que o mutuário pague o empréstimo integralmente antes de um tempo predefinido. Por exemplo, um credor pode ter uma penalidade de 3% do valor do empréstimo, se o mutuário refinanciar, o que efetivamente pagará o empréstimo existente dentro de três anos. É bom sempre verificar as especificidades do seu contrato.

O refinanciamento é uma forma de pagamento antecipado, uma vez que o refinanciamento está basicamente obtendo um novo financiamento, presumivelmente, em melhores condições e taxas de juros mais baixas, que será usado para pagar o financiamento existente. Isso deixa o mutuário em uma posição melhor por causa dos pagamentos mensais mais baixos do novo financiamento.

Mortgage de taxa ajustável

Com um empréstimo de hipoteca de taxa ajustável (*adjustable-rate mortgage*), a taxa de juros flutua com base no movimento de qualquer índice ao qual o contrato esteja vinculado, dentro de limites e em intervalos específicos. Do ponto de vista do credor, os mortgages de taxa ajustável são uma boa opção, pois permite o credor ficar protegido no longo prazo, devido à variação nas taxas de juros. Esses contratos normalmente oferecem taxas mais baixas, no início, do que empréstimos a taxas fixas comparáveis. Essa taxa mais baixa pode inicialmente atrair os mutuários. Mas é preciso tomar cuidado, pois elas podem aumentar ao longo do tempo.

A Federal Trade Commission[5] sugere examinar o seguinte ao decidir fazer um mortgage de taxa ajustável:

DICA DO CONSULTOR

A decisão de fazer um financiamento imobiliário deve ser sempre com base em suas metas financeiras e pessoais de curto e longo prazo.

5. Agência federal com o objetivo de proteger os consumidores e promover a concorrência. O equivalente ao Procon do Brasil. Mais informações acesse em: https://www.ftc.gov/

- A taxa de juros inicial;

- Com que frequência a taxa pode mudar;

- Quanto a taxa pode mudar;

- Os pagamentos mensais iniciais;

- Com que frequência os pagamentos podem mudar;

- Quanto os pagamentos podem mudar;

- O prazo da hipoteca;

- Com que frequência o prazo da hipoteca pode mudar;

- O índice ao qual as alterações de taxa, pagamento ou prazo estão vinculadas;

- Os limites, se houver, de amortização negativa.

Os empréstimos na modalidade ajustável são indexados, geralmente, pela taxa dos *T-Bills*, ou seja, taxa de juros dos títulos do Tesouro americano de 6 ou 12 meses, além da taxa de juros média nacional de financiamentos imobiliários nos EUA, medida pela Federal Housing Finance Board.

Outros índices também podem ser o custo médio dos fundos,

DICA DO CONSULTOR

Às vezes, a taxa inicial é chamada taxa de teaser ou taxa de início. Essa taxa pode durar um período muito limitado, como 3 meses ou um ano, ou por um período mais longo, como 3, 5 ou 7 anos. Uma vez que a taxa pode subir e descer, ou flutuar, geralmente aumenta. Isso acontece porque a maioria das taxas iniciais do mortgage ajustável é descontada.

A taxa inicial é menor que a soma do índice ao qual o empréstimo está vinculado e a margem que faz parte do produto do empréstimo. Muito importante analisar este aspecto antes de decidir. À primeira vista, a prestação pode parecer atraente, mas ela pode subir consideravelmente ao longo do tempo.

medido pela taxa média paga em CDs – Certificado de Depósitos bancários para empréstimos domésticos, ou seja, dentro dos EUA. A LIBOR[6] (*London InterBank Offered Rate*) também pode ser usada como um indexador em alguns contratos. Os índices estáveis são melhores, pois não produzem mudanças radicais. Um índice deve ser escolhido com base nos dados históricos disponíveis. Importante conversar com o seu consultor financeiro para orientá-lo.

COMPARAÇÃO ENTRE TAXA AJUSTÁVEL E TAXA FIXA

Para o comprador de imóveis residenciais, a principal vantagem de uma hipoteca de taxa ajustável é que a taxa inicial cobrada é mais baixa do que a dos empréstimos a taxas fixas. As taxas iniciais da modalidade ajustável são mais baixas porque o mutuário assume o risco caso elas subam no futuro.

Em geral, uma hipoteca de taxa fixa é uma opção mais conservadora e menos arriscada do que uma ajustável. Com uma hipoteca de

DICA DO CONSULTOR

Pagar antecipadamente uma hipoteca nem sempre é uma boa coisa a se fazer. A primeira consideração é a do custo de oportunidade. Existem outras opções para esse dinheiro, como investi-lo na educação de uma criança, que pode gerar uma taxa de retorno mais alta ao longo do tempo do que a taxa de retorno do pagamento antecipado da hipoteca.

As pessoas interessadas em pagar antecipadamente sua hipoteca devem usar o cálculo da taxa interna de retorno (TIR) para avaliar esta opção. Outra consideração pode ser a liquidez. Não ter uma hipoteca pode ser uma ideia atraente, mas se você estiver dedicando todo o seu fluxo de caixa disponível para atingir esse objetivo, poderá deixá-lo despreparado para lidar com dificuldades financeiras inesperadas.

---

6. A LIBOR é uma taxa de referência que representa a taxa de juros que os bancos oferecem para emprestar fundos aos outros no mercado interbancário internacional para empréstimos de curto prazo.

taxa fixa, você conhece seus pagamentos e, como resultado, pode planejá-los com antecedência. Como os pagamentos são fixos, você não precisa se preocupar com a alteração dos pagamentos ao longo da vida do financiamento. A base da gestão financeira pessoal, é controle e planejamento. Os financiamentos com taxa ajustável não permitem nenhum, enquanto um financiamento de taxa fixa permite ambos.

Além da compra da casa própria, outra decisão comum no dia a dia de um imigrante é a decisão da forma de aquisição de um veículo. A América é o país dos automóveis. Em determinadas regiões, ter um carro não é um luxo. Trata-se de um bem essencial para trabalhar e locomover-se por aqui. O imigrante inevitavelmente enfrentará esse tipo de decisão.

Para adquirir um veículo, a pessoa pode pagá-lo à vista, ou seja, pagar integralmente o valor total do veículo, ficando sem nenhuma pendência financeira na sua aquisição. Como pode também adquirir o carro com a ajuda de capital de terceiros. Daí vem uma dúvida comum por aqui: o que é melhor, fazer um financiamento ou *leasing* (arrendamento) do veículo? Veremos a seguir.

DECISÃO DE FINANCIAR OU FAZER UM LEASING DE UM CARRO

Além da compra da casa que sem sombra de dúvidas é uma das principais decisões da vida de uma família, a decisão da forma de aquisição de um veículo, também gera dúvidas e incertezas na maioria dos imigrantes. Para comprar um carro você pode pagar à vista, ou seja, o valor total do veículo e não ter nenhuma dívida remanescente. Mas se escolher adquirir com a ajuda de um credor, você pode optar pela compra através do financiamento ou fazer um *leasing*.

Ao contrário do Brasil, nos EUA o _leasing_ é um verdadeiro arrendamento. Não terá um valor residual igual a zero, como na maioria dos _leasing_ operacionalizados no Brasil.

Porém, se você está procurando a opção mais econômica a longo prazo, comprar um carro usado e mantê-lo por alguns anos após o pagamento, é muitas vezes a melhor escolha. Mas se você gosta de ter modelos de veículos mais novos e lançamentos, o _leasing_ pode lhe dar a liberdade de fazer as atualizações periódicas que você procura, sem gastar muito.

A verdade é que nesse tipo de questão não existe uma opção única para todos. Mesmo assim, identificar alguns fatores-chave relacionados ao custo e suas preferências pessoais, pode ajudá-lo a decidir o que é certo para você.

Vamos examinar alguns dos fatores importantes que você deve considerar antes de falar com um revendedor.

Leasing ou compra financiada: 3 fatores a considerar.

- **Custos mensais:**
  - √ Pagamentos mensais;
  - √ Seguro de automóvel.

- **Custos gerais:**
  - √ Pagamento inicial _down payment_;
  - √ Reparos;
  - √ Depreciação;
  - √ Taxas de _leasing_.

- **Flexibilidade**

Custos mensais:

Pagamentos mensais – Se seu objetivo principal é obter os pagamentos mensais mais baixos, o *leasing* pode ser sua melhor opção. Os pagamentos mensais da locação são geralmente inferiores aos pagamentos dos empréstimos de veículos, porque são baseados na depreciação de um carro, durante o período em que você o utiliza, em vez do preço de compra.

Pagamentos mensais mais baixos podem ajudá-lo a equilibrar seu orçamento, mas lembre-se, quando você está arrendando, seus pagamentos mensais não terminam em propriedade. Isso aumenta a probabilidade de você alugar novamente, o que significa mais pagamentos mensais. Comprar, por outro lado, significa saber que seus pagamentos mensais encerrarão, quando você terminar de pagar o empréstimo do carro.

Seguro de automóvel – Pode ser necessária uma cobertura abrangente e de colisão quando você financia um carro, ou faz um arrendamento (*leasing*). Também pode ser uma boa ideia optar por um seguro de gap, embora alguns contratos de arrendamento o incluam sem nenhum custo adicional. É interessante sempre perguntar se está incluído. Ao escolher a cobertura de gap, certifique-se de comparar cotações de diferentes companhias de seguros, antes de decidir sobre um plano. Isso pode ajudá-lo a encontrar a opção mais econômica, que pode ser muito mais barato do que comprar um seguro através de um revendedor.

DICA DO CONSULTOR

O que é seguro de gap?

Se você perder o carro devido a um acidente ou roubo, provavelmente ainda precisará pagar seu empréstimo ou arrendamento (*leasing*). O seguro gap ajuda a minimizar essa perda, cobrindo a diferença entre o que você deve e o valor do seu carro.

Custos gerais

Pagamento inicial (down payment) – Para financiar o seu próximo carro, o seu adiantamento (*down payment*) necessário pode ser de 10% a 20% do preço total do carro. A quantidade em dinheiro que você deverá pagar, irá depender de várias coisas, incluindo sua pontuação de crédito.

Por exemplo, alguém com baixa pontuação de crédito, que deseja financiar um veículo mais caro, provavelmente terá que pagar um adiantamento maior. Um carro usado, ou um modelo com recursos mais baratos, pode ser a chave para um adiantamento mais econômico, principalmente se sua pontuação de crédito for baixa.

O *leasing*, também pode exigir custos iniciais significativos, incluindo o pagamento do primeiro mês e um adiantamento, especialmente se você estiver interessado em negociar a menor prestação mensal possível. Pode ser uma alternativa econômica para a compra de carros, mas lembre-se, você está potencialmente colocando um adiantamento em dinheiro, em relação a algo que não possui.

Um adiantamento para algo que não pode ser considerado um ativo. Embora um adiantamento maior possa ser sensato se você estiver comprando um carro, isso não se aplica necessariamente ao *leasing*. Se conseguir garantir condições sólidas, considere manter o pagamento mais baixo possível.

Reparos – Se você mora em uma cidade movimentada ou precisa realizar longas viagens, pode correr o risco de causar desgaste excessivo no seu carro. O custo dos reparos pode atingir compradores e arrendatários. Normalmente, os carros são alugados por três anos; portanto, se alugar um veículo novo, provavelmente ele estará em garantia durante o período do seu aluguel. Mas ainda assim, você poderá ter que pagar pela manutenção e reparos, e até ser obrigado a substituir pneus gastos, janelas arranhadas ou remover manchas quando devolver o carro.

À medida que os carros envelhecem, o custo dos reparos pode aumentar significativamente. Se você decidir comprar, convém fazer um orçamento para manutenção periódica. No lado positivo, uma vez que seu carro é pago, o dinheiro que foi anteriormente usado para a prestação mensal do financiamento, poderá ser reservado para ajudar a cobrir os custos de manutenção.

Depreciação – Se você é proprietário de um carro, quanto mais milhas percorre, mais rápido o seu veículo se deprecia. De fato, registrar uma tonelada de milhas em seu carro, é uma das maneiras mais rápidas de reduzir seu valor de revenda. Mas colocar muitas milhas em seu carro pode ser um problema ainda maior, se você deseja fazer um *leasing*.

Os arrendamentos de automóveis, vêm com limites de milhagem, geralmente definidos em torno de 12.000 milhas por ano para um arrendamento padrão. Ultrapassar esse número, pode significar ser penalizado com uma taxa de cerca de 26 centavos de dólares por milha, dependendo do contrato.

Taxas de leasing – Aqui estão algumas das taxas exclusivas que você pode ter que pagar se optar por fazer o *leasing* de um carro.

- Taxa de aquisição (*acquisition fee*) – cobre os custos administrativos da empresa de *leasing* para a organização do arrendamento.

- Taxa de depósito de segurança (*security deposit*) – que pode ser aproximadamente igual ao pagamento da locação de um mês.

- Taxa de rescisão antecipada (*early termination fee*) – você poderá pagar essa taxa se encerrar o contrato de locação com antecedência.

- Taxa de descarte (*disposition fee*) – cobre os custos da empresa de *leasing* para limpar e vender o carro no final do *leasing*.

Flexibilidade

Para muitos motoristas, a ideia de ficar preso por um longo período, em um carro específico não é adequada. Se esse for o seu caso, o *leasing* pode ser a melhor opção, pois permite que você atualize o veículo periodicamente, geralmente, em torno de três anos.

Como comprador de carro, você tem mais liberdade e pode vender o veículo a hora que desejar. Embora não seja ideal vender ou trocar seu carro a qualquer momento, principalmente se o saldo devedor do empréstimo ainda for alto, mesmo assim, ainda é possível vender sempre que quiser, sem incorrer em taxas, embora você ainda possa ser responsável por qualquer saldo restante devido no seu empréstimo.

Trata-se de uma decisão muito pessoal, que vai muito além da questão financeira. Depende do estilo de vida, desejos pessoais e o quanto utiliza o veículo no dia a dia. Para ajudá-lo a decidir, veja a tabela comparativa ao lado.

Além desta tabela, antes de decidir comprar ou fazer o *leasing* de um carro novo, considere as perguntas a seguir.

1. Quantas milhas você planeja dirigir?

A maioria dos *leasing* de veículos permite que você dirija entre 12.000 e 20.000 milhas por ano. Se exceder o limite, será cobrado por cada milha adicional que percorrer. A penalidade por exceder o limite de milhagem, é tipicamente de $0.20 a $0.50 por milha

FINANCIAR UM CARRO	LEASING DE UM CARRO
Requer maior entrada e maior valor de prestação a cada mês.	Custa menos no início e a cada mês, para que você possa alugar um carro mais caro.
Pode quitar seu empréstimo automático, o que elimina um custo mensal.	Se você alugar sempre, fará pagamentos de carro por toda a vida.
Possui a liberdade de vender ou trocar o carro a qualquer momento.	Um contrato de locação é caro, e difícil de quebrar.
Geralmente custa menos do que o leasing.	Pode atualizar para o modelo mais novo em poucos anos.
O valor do carro se deprecia assim que você o tira do estacionamento.	Você deve taxas, por exceder o limite anual de quilometragem ou qualquer dano ao carro.

adicional, mas varia de acordo com o contrato. Se você planeja dirigir seu carro mais do que o número de milhas designado, considere comprar.

2. O anúncio do *leasing* é enganoso?

Tenha cuidado com anúncios de *leasing* que ofereçam limites de milhagem extraordinariamente baixos, como 7.500 ou 10.000 milhas por ano. Embora a prestação mensal seja menor, você sofrerá grandes penalidades se exceder o limite de milhas, o que cancela o benefício potencial. Ao decidir entre comprar ou fazer *leasing* de um carro, lembre-se de que a prestação mensal nem sempre é uma boa medida.

DICA DO CONSULTOR

Fique ligado! Se você cansar do carro ou tiver outras necessidades, convém pensar duas vezes em entregá-lo antes do final do contrato do seu *leasing*. Se você quebrar o contrato com antecedência, poderá pagar algumas multas excessivas. Você poderá até ser obrigado a cobrir todos os pagamentos restantes do contrato do *leasing*, além do pagamento de multas e taxas adicionais. Sempre esteja ciente dos contratos que você assina.

3. Você já fez sua lição de casa?

Antes de visitar a concessionária, faça uma lista das marcas e modelos de seu interesse, além dos recursos que deseja. Seja o mais específico possível. Limite a sua pesquisa a alguns carros, não fique apaixonado por uma determinada marca. Amplie o leque de opções e barganhe. O mercado é amplo e você é o único interessado em fazer seu dinheiro render. Ao discutir o preço com o revendedor, solicite uma cotação firme por escrito.

DICA DO CONSULTOR

A seguir, é apresentada uma lista de razões para fazer *leasing* de um carro:

Você é financeiramente estável.

Você gosta de dirigir um carro novo a cada três anos.

Você dirige menos de 12.000 milhas / ano.

Você cuida do seu carro.

Você não se incomoda em ter prestações mensais indefinidamente.

Seu veículo é usado apenas para viagens ou negócios.

Você não quer ter o incômodo de troca e manutenção periódica do veículo.

Você tem um bom crédito, mas não tem dinheiro para comprar um carro.

Capítulo 9

PREPARANDO-SE PARA INVESTIR NOS EUA

Regra número 1: nunca perca dinheiro. Regra número 2: nunca se esqueça da regra número 1.

Warren Buffett

Investir é indiscutivelmente a multiplicação do seu dinheiro. Para alcançar liberdade financeira e atingir os seus sonhos, você deverá aprender a investir. Comece certificando-se de que suas finanças estejam numa base estável, começando com uma revisão de sua posição financeira atual. Isto deve incluir a análise da sua renda, juntamente com quaisquer despesas ou dívidas que você possa ter.

Geralmente não faz sentido investir, se você tiver endividado no cartão de crédito, por exemplo. Neste caso, o melhor a fazer é liquidar estas dívidas, antes de começar a investir. Isso porque a taxa de juros do cartão de crédito é altíssima e superior aos retornos que você provavelmente pode obter em seus investimentos. Sendo bem claro, não vale a pena. Imagine você com o dinheiro aplicado em uma conta poupança que rende 2% ao ano de juros e dívidas "rolando" no cartão de crédito, com taxas de juros anuais de 19% ao ano. Compensa retirar o dinheiro da conta poupança e liquidar o endividamento.

Os investimentos devem sempre ser encarados com uma decisão de longo prazo, portanto é importante também a criação de uma reserva de emergência, que deverá ser investida em instrumentos de alta liquidez, ou seja, ativos que tenham disponibilidade imediata, em forma de *cash*, caso você necessite. Conforme já mencionado anteriormente, a reserva deve conter recursos financeiros, para cobrir pelo menos seis meses de despesas regulares.

Uma vez que você já está organizado financeiramente, ou seja, gasta menos que do ganha, não possui dívidas onerosas e possui saldo positivo todo mês em seu fluxo de caixa; o próximo passo é aprender sobre os prováveis riscos e possibilidades de retornos de vários tipos de investimentos. Fazer isso antes de começar a investir o seu dinheiro no mercado é muito importante, porque muitos novos investidores, começam com expectativas, muitas vezes, irreais. Isso significa, que muitas pessoas podem assumir um risco muito alto, com o objetivo de atingir altos retornos e acabam perdendo dinheiro. Isso é muito comum, e leva as pessoas ao desânimo, achando que o mercado de capitais é um jogo, algum tipo de casino.

Portanto, antes que você inicie os seus investimentos, é extremamente importante, entender a diferença entre os principais tipos de investimentos e classe de ativos, tais como: ações, títulos e propriedades, além de analisar as caraterísticas de cada um, no que diz respeito a retornos históricos, nível de risco e expectativas de retornos futuros. Depois que entender isso, você poderá definir que tipo de investidor você é, e quais investimentos podem ser mais adequados para você.

Isso significa levar em consideração as suas circunstâncias financeiras e de vida, sua personalidade e atitudes; ou seja, estar disposto a correr e assumir riscos. Você deve ter como objetivo, realizar uma série de investimentos que atuam de forma diferente em termos de riscos e expectativas de retornos, de forma que consiga aumentar a sua probabilidade de ter resultados positivos, independente do que acontece com a economia. Esse conceito é conhecido como **diversificação** e no mundo dos investimentos é uma das mais importantes lições. Como diz o ditado popular: "Nunca coloque todos os ovos na mesma cesta."

A pessoa está tomando decisões na incerteza, quando não tem informação alguma acerca das possibilidades de sucesso ou fracasso. É a "filosofia" Zeca Pagodinho, ou seja, "deixa a vida me levar..." Às vezes pode dar certo, mas entre a incerteza ou correr riscos, é preferível este. Risco é possível de ser calculado, você saberá onde está pisando.

Toda decisão tem ao menos 2 cenários probabilísticos: 50% de chance de dar certo e 50% de chance de dar errado. O processo de planejamento financeiro pressupõe o gerenciamento do risco e contingências. Não esperar, mas sim atuar de forma antecipada, evitando sobremaneira as perdas. Não é jogo, tem muito conhecimento técnico e científico envolvido no processo de tomada de decisão financeira, incluindo aspectos comportamentais.

Isso evita que as pessoas caiam em falácias, ou até mesmo golpes e pirâmides financeiras. Fico impressionado com a quantidade de pessoas, que até hoje, ainda aderem a essas pirâmides. É preciso ficar alerta. Pirâmide não é investimento. É golpe, SCAM, usando a nomenclatura em inglês.

Para evitar que você caia em pirâmides, preste atenção aos seguintes indícios:

1. Proposta de ganhar muito dinheiro, sem esforço;

2. Atração por ganhos elevadíssimos, em curto prazo;

3. O foco não está no produto ou serviço em si, mas sim na atração de novas pessoas para "participar" do negócio;

4. Os primeiros que entraram recebem, e os últimos geralmente não recebem.

Só o topo é privilegiado. Geralmente, a grande maioria das pessoas sai perdendo muito dinheiro.

Para uma boa tomada de decisão de investimento, você precisa entender quais os itens que devem ser levados em consideração, antes de decidir por um determinado tipo de investimento, sendo eles:

• Risco;

• Taxa de retorno;

• Liquidez;

• Diversificação;

• Impacto dos impostos sobre o retorno.

Risco – é a possibilidade de perda de valor do investimento ao longo do tempo. Existem vários tipos de riscos que devem ser considerados ao investir; alguns podem ser mais importantes para você do que outros. Depois que você entender o que cada um dos seguintes tipos de risco implica, você poderá decidir qual deles terá maior impacto em seu portfólio de investimentos pessoais.

Risco econômico – associado à saúde geral da economia. Pode gerar uma incerteza sobre a receita e o valor do principal de um investimento específico, devido a mudanças no nível geral de preços de uma economia.

Risco de taxa de juros – investimentos que fornecem renda fixa (CDs, Títulos etc.), sofrerão mudanças de preço à medida que as taxas de juros aumentarem ou diminuírem. Com efeito, um aumento nas taxas de juros do mercado, tendem causar um declínio nos preços de mercado dos títulos existentes, e vice-versa.

Risco tributário – consequências tributárias envolvidas em investimentos específicos podem afetar diretamente o retorno líquido dos seus investimentos.

Taxa de retorno – é a expectativa de obter um retorno futuro, suficiente para atender os objetivos do investidor. Para melhor definir esses objetivos, o investidor deve entender as diversas maneiras pelas quais um retorno pode ser recebido: em forma de juros, dividendos, lucros empresariais, receitas de aluguel e/ou ganhos de capital.

Retorno total – é a verdadeira medida dos resultados ou ganhos de um investimento e pode ser dividido em dois fatores principais:

- **Ganho de capital** – é o aumento no valor de mercado do seu investimento, que geralmente só é realizado quando o ativo é vendido.

- **Renda recorrente** – é a receita como juros, aluguel ou dividendos; recebida regularmente ao longo da vida útil do investimento.

Um elemento muito importante para incrementar a Taxa de Retorno efetiva dos seus investimentos, é a forma de capitalização dos rendimentos, o chamado efeito composto, ou seja, você pode ganhar juros sobre juros.

Capitalização composta – é o efeito que os juros têm quando a taxa de juros é aplicada ao valor inicial investido, adicionando os juros já recebidos pelo investidor. Como disse certa vez Albert Einstein: *Os juros compostos são a mais poderosa invenção humana.*

A Regra dos 72 pode demonstrar um cálculo simplificado do efeito da capitalização composta. Em geral, o número 72, dividido pela taxa de juros de seus investimentos, fornecerá uma estimativa do número de anos necessários para que o valor do investimento dobre.

Antes de continuarmos, é importante observar a correlação entre o risco e a taxa de retorno de um investimento. Em geral, a quantidade de risco associada a um determinado investimento está diretamente relacionada ao seu retorno esperado. Então, teoricamente, quanto mais risco você estiver disposto a correr, maior o retorno esperado do investimento e vice-versa.

Liquidez – é a facilidade com que um ativo pode ser vendido e transformado em dinheiro, sem perder o valor do principal investido. Por exemplo, uma casa não pode ser facilmente vendida e transformada em dinheiro, ao contrário de uma ação *blue chip*[1], cotada na bolsa de valores, que pode ser vendida a qualquer momento no mercado.

Embora ambas as características do investimento sejam desejáveis, geralmente é um *trade-off*, subjetivo à situação do investidor. Por exemplo, uma conta corrente não possui um mercado de compra e venda, mas é um ativo muito líquido, afinal é disponibilidade em mãos (*cash*). Por outro lado, uma ação na bolsa tende a ter alta

---

DICA DO CONSULTOR

A regra de 72 na prática:

72 ÷ Taxa de juros = número de anos para dobrar

72 ÷ 6% dobra em 12 anos

72 ÷ ___% dobra em ___anos

72 ÷ ___% dobra em ___anos

---

1. Blue Chips são ações geralmente ligadas a grandes corporações, com nome forte e negócio já consolidado. A origem do termo está relacionada às fichas azuis do pôquer, já que as fichas desta cor valem mais do que as outras. Portanto, blue chip está associado a ações de empresas com altos volumes de negociação e valor de mercado da Bolsa de Valores.

liquidez, mas, a sua venda em um momento de baixa no mercado, pode resultar em perda do valor do principal investido, o que não é pura liquidez, ao contrário dos recursos totalmente disponíveis. Ressalto mais uma vez que a sua reserva de emergência deve ser construída com instrumentos de alta liquidez e com segurança do valor principal investido, não é adequado formar reservas com capital investido em renda variável, por exemplo.

Diversificação – é um importante princípio de investimento a se considerar quando um investidor está construindo um portfólio. Diversificação é a distribuição dos seus investimentos entre uma variedade de classe de ativos. Ao diversificar você evita ter todo seu investimento em um só lugar, ou alocar todo seu dinheiro em um investimento que pode não ter um bom desempenho em um determinado momento. Ao fazer isto, você minimiza o risco entre as várias opções de investimentos. Diversificação, costuma ser uma decisão sábia para a maioria dos investidores.

Existem várias formas de diversificação. Pode-se diversificar em ações e títulos de dívidas públicas ou corporativas (*bonds*); entre ativos de alta liquidez (*money market*) e menos líquidos (*real estate*); entre uma meta de investimento e outra. Em geral, as flutuações no preço ou no valor de diferentes investimentos não são congruentes; eles não sobem ou descem ao mesmo tempo ou na mesma magnitude. Assim, um investidor pode proteger pelo menos uma parte de seus ativos de investimento, aplicando o princípio da diversificação.

Impacto dos impostos no retorno – como diz o ditado popular: "não importa o que você recebe, o que importa é manter o valor recebido". Da mesma forma, diferenciar entre o retorno recebido de um investimento e seu retorno após impostos é imprescindível.

Existem várias considerações sobre os impactos dos tributos sobre os investimentos, veja a seguir:

1. Um investimento pode gerar rendimentos tributáveis na forma de juros, como certificados de depósito bancário (*CDs*) ou títulos corporativos (*bonds*). Para estes investimentos, o rendimento após impostos, será menor que o rendimento nominal, geralmente declarado pelos emissores dos títulos. Isso pode ser calculado da seguinte maneira:

Taxa de juros declarada x (1 – taxa do imposto de renda do investidor) = rendimento após o rendimento dos impostos.

Por exemplo: um CD com uma taxa de juros tributável de 5% teria um rendimento após impostos de 3,6% para um investidor na faixa de imposto de renda (tax bracket) de 28%.

$$5\% \times (1 - 0,28) = 3,6\%$$

Então, o investidor não conseguiu 5% de retorno no seu investimento. Na verdade, ele teve 3,6% de rendimento, o que é significativamente menos, porque o restante foi para pagar impostos federais.

2. Se um rendimento de investimento estiver totalmente isento de impostos, como os juros recebidos de alguns títulos municipais (*municipal bonds*) nos EUA, o retorno após os impostos será igual ao rendimento declarado, porque não há implicações fiscais (a taxa de juros permanece a mesma).

3. Em algumas circunstâncias, um investimento pode gerar retornos tributáveis somente quando realizados como ganhos de capital. Por exemplo, se uma ação não pagou nenhum tipo de provento (dividendos), mas aumentou o seu preço de $20 por ação para $40 por ação, o investidor terá um evento tributável se decidir vender as ações; portanto, seu ganho de capital de $20 por ação, será tributado de acordo com as alíquotas de imposto de renda aplicáveis.

QUESTIONÁRIO DE TOLERÂNCIA AO RISCO

Quando pensamos sobre investimentos, sempre vem em mente os termos "risco" e "retorno". O objetivo principal será sempre minimizar os riscos enquanto busca-se maximizar os retornos. Mas para fazermos isso, primeiro é necessário saber qual a sua tolerância ao risco. Cada pessoa é diferente e certamente cada um tem um perfil e tolerância ao risco. É muito importante que você identifique o seu perfil, antes de fazer qualquer investimento. Isto evita que você aplique em ativos não condizentes com o seu perfil.

Ao contratar um consultor financeiro (*Financial Advisor*[2]) devidamente registrado nos EUA, ele irá fazer várias perguntas a você, de modo a ajudá-lo a identificar o seu perfil.

Para identificar o seu perfil de tolerância ao risco responda as questões abaixo:

1) Quanto tempo levará até que você faça retirada e/ou resgate de sua conta de investimentos?

    a. 2 anos ou menos (1)

    b. 3 a 6 anos (2)

    c. 7 a 11 anos (3)

    d. 12 a 15 anos (4)

    e. Mais de 15 anos (5)

2) Uma vez que você inicie as retiradas e/ou resgates de sua conta de investimentos, por quanto tempo as retiradas irão continuar?

    a. 2 anos ou menos (1)

    b. 3 a 6 anos (2)

    c. 7 a 11 anos (3)

---

2 *Financial Advisor* é um profissional fiduciário registrado nos EUA, portador da licença Series 65, que desenvolve planejamento financeiro e recomendação de investimentos para os seus clientes.

d. 12 a 15 anos (4)

e. Mais de 15 anos (5)

3) Com qual dos portfólios abaixo você se sente mais confortável? Vamos presumir que você esteja investindo $75,000 em um prazo de 5 anos.

	Pior Cenário	Melhor Cenário
Portfólio 1:	$70,000	$110,000
Portfólio 2:	$65,000	$130,000
Portfólio 3:	$60,000	$190,000
Portfólio 4:	$55,000	$200,000
Portfólio 5:	$50,000	$225,000

a. Portfólio 1 (1)

b. Portfólio 2 (2)

c. Portfólio 3 (3)

d. Portfólio 4 (4)

e. Portfólio 5 (5)

4) Em 1 de janeiro de 2019, você investiu $50,000 em várias ações e fundos mútuos. Em 31 de dezembro de 2019, o valor de sua conta era de $35,000. Qual das alternativas abaixo descreve a atitude que você tomaria nesta situação?

a. Liquidar todos os seus investimentos; (1)

b. Vender somente os investimentos mais arriscados; (2)

c. Comparar o retorno de seus investimentos com o índice do mercado de ações; (3)

d. Não tomar nenhuma ação, esperar e ver se os investimentos se recuperam; (4)

e. Investir mais agressivamente para cobrir as perdas. (5)

5) Qual é a taxa de retorno anual requerida para os seus investimentos?

    a. 4% ou menos (1)

    b. 5% a 7% (2)

    c. 8% a 10% (3)

    d. 11% a 12% (4)

    e. Acima de 12% (5)

6) Quando você faz um investimento de longo prazo, quanto tempo você espera manter o dinheiro investido?

    a. 2 anos ou menos (1)

    b. 3 a 5 anos (2)

    c. 6 a 8 anos (3)

    d. 9 a 11 anos (4)

    e. Mais de 11 anos (5)

7) Como você considera o seu nível de confiança para gerenciar os seus próprios investimentos?

    a. Muito confiante; (5)

    b. Um pouco confiante; (4)

    c. Confiante; (3)

    d. Não tenho certeza; (2)

    e. Sem confiança; (1)

8) Se você recebesse, de forma inesperada, o valor de $50,000 para investir, qual das opções abaixo representaria a sua decisão?

    a. Depositar o dinheiro na sua conta corrente ou poupança do seu banco; (1)

    b. Investir em CD – Certificado de depósito do seu banco ou títulos do Tesouro; (2)

c. Investir em ações de grandes empresas (large-caps stocks) e Bonds de grandes empresas; (3)

d. Investir em junk bonds e commodities; (4)

e. Investir em opções de ações e obras de arte. (5)

9) Como você descreve sua renda estimada para o seu período de aposentadoria?

a. Muito confiante em minhas estimativas; (5)

b. Um pouco confiante em minhas estimativas; (4)

c. Confiante em minhas estimativas; (3)

d. Não tenho certeza; (2)

e. Não tenho confiança em minhas estimativas. (1)

10) Como você descreve suas despesas para o seu período de aposentadoria?

a. Muito confiante em minhas estimativas; (5)

b. Um pouco confiante em minhas estimativas; (4)

c. Confiante em minhas estimativas; (3)

d. Não tenho certeza; (2)

e. Não tenho confiança em minhas estimativas. (1)

11) Quanto de risco você está disposto a assumir com o objetivo de atingir altos retornos sobre seus investimentos?

a. Posso assumir um grande risco adicional, se necessário; (5)

b. Posso assumir algum risco adicional, se necessário; (4)

c. Eu quero manter a meu nível atual de risco; (3)

d. Eu não tenho certeza; (2)

e. Eu quero reduzir o meu nível de risco mesmo que tenha que reduzir o retorno de meus investimentos. (1)

AVALIANDO AS SUAS RESPOSTAS			
Resultado	Alocação target	% investimento em ações	% investido em bonds
Agressivo 45 a 55	90 / 10	90	10
Moderado 29 a 43	70/30	70	30
Conservador 11 a 28	50/50	50	50

A tabela acima demonstra um exemplo de percentual máximo que cada perfil deve investir em cada classe de ativo. Antes de investir, consulte um *financial advisor* para avaliar adequadamente o seu perfil e tolerância ao risco.

Este questionário, seus resultados e interpretações tem fins somente educacionais, não se trata de um aconselhamento financeiro, que deve ser realizado de forma customizada, por profissionais devidamente habilitados.

O QUE SIGNIFICA O TERMO FIDUCIÁRIO?

O fiduciário é uma pessoa ou organização que age em nome de outras pessoas, para gerenciar ativos. Essencialmente, um fiduciário deve aos seus clientes os deveres de boa-fé e confiança. Um profissional fiduciário é obrigado a agir sempre no melhor interesse da outra parte, no caso, seus clientes. Não pode haver qualquer tipo de conflito de interesse.

Gestores financeiros, consultores financeiros (*financial advisor*), banqueiros, contadores (*CPAs*), *trustee*[3], membros do conselho e diretores corporativos são exemplos de profissionais que têm responsabilidade fiduciária.

---

3. Trustee é uma pessoa ou membro de um conselho que possui poderes para a administração de uma trust, tendo a obrigação legal de atuar somente de acordo com o objetivo definido na criação da trust. Trust é um acordo legal de administração de bens e herança em favor de um ou mais beneficiários.

As responsabilidades e deveres de um fiduciário são éticas e legais. Quando uma parte aceita cumprir o dever fiduciário em nome de outra parte, ela é obrigada a agir no melhor interesse do principal, a parte cujos bens estão administrando.

A Regra Fiduciária esclarece como corretores, consultores de investimentos, consultores financeiros, que vendem produtos relacionados à aposentadoria, ou que oferecem conselhos sobre investimentos relacionados à aposentadoria devem interagir com seus clientes. Essa regra especifica que ele deve agir como fiduciário; isso significa que o profissional deve colocar os interesses de seus clientes à frente dos seus, e esclarecer todos os conflitos de interesses ao oferecer conselhos ou produtos relacionados a uma conta de aposentadoria.

A distinção entre alguém que age ou não como fiduciário é importante quando definimos os papéis que diferentes profissionais desempenham, na vida financeira de um investidor. Às vezes, o termo consultor é usado de maneira vaga, para descrever qualquer pessoa que desempenha algumas funções relacionadas a investimentos pessoais.

Desde o aconselhamento até a venda de um título, muitos profissionais de investimento têm sido chamados de consultores; quando, de fato, eles podem não estar registrados como tal. E isso importa muito, porque se eles não são mantidos em um padrão fiduciário, eles não são obrigados a manter os melhores interesses para o cliente.

Diferenças entre RR – Registered Representative e IAR – Investment Advisor Representative

O *Registered Representative* (RR) é alguém empregado por uma corretora (*broker-dealer*) licenciada pela SEC – *Securities*

Exchange Commision, instituição equivalente à Comissão de Valores Mobiliários (CVM) nos EUA. Eles geralmente são aprovados nos exames das séries (7, 63 ou 66) e estão registrados para fazer negócios em um ou mais estados e na FINRA – *Financial Industry Regulatory*. A FINRA é uma entidade privada que atua na regulação das corretoras de valores mobiliários nos EUA. Trata-se de uma autorreguladora, uma vez, que a FINRA pertence às próprias corretoras de valores. A SEC e a FINRA são instituições muito importantes no mercado financeiro dos EUA.

O *Investment Advisor Representative* (IAR) é alguém empregado por uma empresa que atua na área de consultoria de investimentos, o que define que esta empresa fornece consultoria ou análise de valores mobiliários, e cobra uma remuneração para prestar os seus serviços. Isso quer dizer que o IAR passou no exame da série 65 e está registrado para fazer negócios em um ou mais estados americanos ou na própria SEC, se cumprir certos requisitos.

Guia prático das contas de investimento para aposentadoria nos EUA[4]

Se você tem renda auferida nos EUA, pode poupar para sua aposentadoria de uma maneira muito eficiente e segura. Inclusive, diminuindo o imposto devido num determinado ano, através de uma conta de aposentadoria privada – chamada *Individual Retirement Account* (IRA). O dinheiro pode ser retirado da conta, com penalidade, antes dos 59 anos e meio, ou durante a aposentadoria sem penalidade. Você é obrigado a fazer retiradas a partir dos 70 anos e meio.

Há regras de quanto se pode contribuir nessa conta, baseadas em estado civil, como são declarados os impostos, idade, e renda

4. Com informações fornecidas pela gestora de investimentos registrada nos Estados Unidos Proxy Financial. <www.proxyfinancial.com>

recebida no ano. Sugerimos consultar seu assessor tributário, antes de realizar qualquer aporte.

Dinheiro dentro desta conta pode ser investido em mais de 14.000 tipos de ativos, desde ações até fundos, instrumentos de renda fixa, entre outros que serão apresentados nos próximos capítulos.

Exemplos de limites de contribuição para 2020*				
Tipo de IRA	Limite máximo anual	Com idade de até	Para tax filing como casado	Para tax filing como solteiro
Traditional (pre-tax)	US$ 6,000 US$ 7,000	← 50 anos ← acima de 50 anos	Até $104,000	Até $65,000
Roth (pre-tax)	US$ 6,000 US$ 7,000	← 50 anos ← acima de 50 anos	Até $196,000	Até $124,000

*Apenas referência, para informações completas do IRA acesse o site do IRS, a receita federal dos EUA

O dinheiro depositado nesta conta reduz a base de imposto para o ano em exercício. Vamos fazer um exemplo simplificado: você é solteiro/a, com menos de 50 anos, e recebeu $100,000 de salário. Se você transferir $6,000 para uma conta Traditional IRA, você calculará o imposto a pagar em cima de $94,000 para aquele ano.

Já o Roth IRA, não reduz o imposto devido para aquele ano.

DICA DO CONSULTOR

Atualmente, um RR deve garantir apenas que um investimento seja adequado para o cliente. Essa adequação é determinada por alguns fatores, incluindo tolerância ao risco de investimento, prazo e objetivos. No entanto, não há determinação sobre se o investimento é no melhor interesse do cliente. Por outro lado, um IAR deve atuar como fiduciário. Vale lembrar que um profissional pode acumular as duas designações, se ele possuir todas as licenças pertinentes. Por exemplo, se um RR possuir a licença Series 65, ele deverá atuar como fiduciário. Para verificar se um profissional é registrado, acesse o site da FINRA/SEC: <https://brokercheck.finra.org/>.

Porém é uma das poucas coisas nos EUA que não pagam imposto no lucro na sua retirada. Voltamos ao mesmo exemplo: os mesmos $6,000 depositados numa conta Roth IRA não reduzirão os impostos devidos no ano, a base de cálculo continua sendo os mesmos $100,000. Digamos que os $6,000 são investidos e duplicam de valor. Depois dos 59 anos e meio você saca os $12,000 – não pagará imposto algum!

Em linhas gerais, o dinheiro depositado dentro de uma conta IRA paga multa de 10% da retirada, se o dono/a tiver menos de 59 1/2 anos no momento da retirada. Há casos como compra da primeira casa ou problemas de saúde, que permitem retiradas sem multa. Já para o 401(k), o dinheiro pode ser emprestado para o dono a qualquer momento, com juros baixos.

É muito fácil abrir uma conta de aposentadoria IRA. Não há custo de abertura e manutenção da conta em si nos EUA. Você poderá contratar uma gestora registrada nos EUA para ser responsável pelos investimentos a serem realizados na conta. Geralmente as gestoras cobram um percentual sobre os valores aplicados na conta, como taxa de gestão ou administração.

Empreendedores/as com empresas de qualquer tamanho podem usar outros tipos de contas, com mais vantagens, como por exemplo o *Simplified Employer Pension* (SEP IRA), que tem limite de até 25% do "*gross salary*" (K-1 + salário) até no máximo de $57,000 por ano em 2020.

Outra ferramenta que é muito eficiente em reduzir impostos para empresários/as é o grupo de planos chamado *Qualified Retirement Plans*, comumente chamados de 401(k), mas existem também o *Safe Harbor 401(k), Profit Sharing e Cash Balance pension plan*.

Estes são planos de pensão para empresas mais complexos que os IRAs, porém não são reservados somente para empresas grandes.

Estes planos permitem que os donos da empresa poupem para sua aposentadoria, valores que podem ser muito maiores inclusive que o SEP IRA, dependendo do caso, ao mesmo tempo em que reduz os impostos pagos hoje.

O único catch é que o IRS só permite criar um plano se a empresa der contribuições aos funcionários, os cálculos e a manutenção disso é feito por um Third Party Administrator (TPA) junto com uma gestora de investimentos para arquitetar essa ferramenta complexa. São muitas variáveis, tipos de conta, fatores positivos e negativos. É uma atividade complexa planejar com essas ferramentas todas. Porém, não planejar é até perigoso, pois como diz o ditado: "Para um barco sem porto de destino, o vento o levará a qualquer parte."

É muito importante sempre procurar um profissional registrado nos EUA para aconselhá-lo, na definição da estratégia e operacionalização da melhor ferramenta para atingir os seus objetivos financeiros, a longo prazo. O planejamento abrange quase todas as facetas financeiras de sua vida, como grandes gastos (faculdade, compra de casa etc.) bem como protegê-lo/a de riscos (invalidez, morte), e a navegação de tudo isso para alcançar a aposentadoria.

Capítulo 10

INVESTINDO EM AÇÕES NOS EUA

As ações são o maior mecanismo de transferência de riqueza dos apressados aos tranquilos.

Warren Buffett

Tipos de investimentos. Os 3 principais tipos de classes de ativos de investimentos são: Ações (*stocks*, também conhecidas como *equities*); Títulos de dívida (*Bonds*, também conhecido como *fixed income*) e Propriedades (*Real Assets*). Depois de entender os princípios dos investimentos, é hora de pensar nos aspectos práticos. Mãos à obra!

INVESTIMENTOS EM AÇÕES

Apesar dos filmes de Hollywood apresentarem o mundo dos investimentos em ações como algo aventureiro e até mesmo glamoroso, não é bom se empolgar. O importante é ter uma estratégia muito bem definida, além de uma perspectiva de longo prazo, antes de iniciar os investimentos neste mercado. Warren

161

Buffet é um exemplo de investidor atuante no mercado acionário, tendo iniciado bem jovem, atualmente ele é o controlador de um conglomerado bilionário de empresas (*Berkshire Hathway Inc.*). Ele é um dos exemplos mais bem-sucedidos de ganho consistente de longo prazo no mercado de ações.

Ações ordinárias (common stocks)

As ações ordinárias representam o capital próprio (patrimônio líquido), de uma empresa de capital aberto. Os detentores de ações ordinárias exercem o controle da empresa, elegendo um conselho de administração e votando em determinados assuntos corporativos. Os acionistas ordinários têm menos prioridade em termos de reivindicações, sobre os ganhos e ativos da empresa.

Sendo assim, uma empresa de capital aberto deve efetuar pagamentos de proventos aos portadores de ações preferenciais, antes de pagar qualquer provento aos portadores de ações ordinárias. Em caso de uma eventual liquidação da empresa, os acionistas ordinários têm direitos sobre os seus ativos, somente depois que os credores, acionistas preferenciais e demais obrigações da empresa, forem pagos integralmente.

Benefícios de investir em ações

Quando você compra ações ordinárias de uma empresa, está comprando uma pequena parte desta. Como sócio, um acionista tem direitos e deveres estabelecidos no estatuto da sociedade empresarial. Seu retorno potencial é talvez o maior benefício para possuir ações. Dependendo do desempenho da empresa, você poderá obter um retorno do investimento por meio de dividendos, valorização do capital ou ambos.

Dividendos são pagamentos em dinheiro ou ações, que uma

empresa distribui aos seus acionistas. A valorização do capital é realizada quando você vende as ações por um preço mais alto do que pagou, para comprá-las.

Como se supõe que as empresas existam para sempre, suas ações não têm maturidade, ou seja, elas não expiram ou tem data de vencimento. Isso permite que um acionista mantenha uma ação por um longo tempo e colha os benefícios do crescimento da empresa. Potencial valorização das ações a longo prazo, pode ser visto em exemplos de empresas start-ups que cresceram e tornaram-se gigantes, proporcionaram retornos maciços aos acionistas, como *Microsoft, Amazon, Apple, Google, Facebook e Tesla.*

No entanto, é importante observar que os acionistas ordinários não têm garantia de receber dividendos, só receberão se a empresa for lucrativa no período, ou seja, participam do risco do negócio. Ninguém pode garantir que a empresa irá crescer no futuro.

Se uma empresa tiver um desempenho ruim durante o seu período de retenção e você precisar vender as ações, poderá ter perda no investimento realizado. Portanto, o prêmio do potencial ilimitado de retornos é compensado pelo potencial de perda do seu investimento.

É por isso que é tão importante considerar a adequação e a tolerância ao risco ao investir pessoalmente em ações. As pessoas que investem em ações ordinárias normalmente buscam um crescimento a longo prazo nos seus investimentos, com pouca ou nenhuma ênfase no recebimento de rendimentos recorrentes.

Outros ainda, que têm uma tolerância muito mais alta ao risco, podem investir por razões especulativas para buscar retornos rápidos de ações muito arriscadas; como empresas do setor de novas tecnologias disruptivas, por exemplo.

BENEFÍCIOS DO INVESTIMENTO EM AÇÕES	
Confira a seguir, uma lista de benefícios do investimento em ações.	
Retorno a longo prazo	Boas ações tendem a superar todos os outros veículos de investimento por períodos mais longos. O investimento em ações, também é uma opção para proteger contra a inflação no longo prazo.
Riscos não sistemáticos podem ser limitados através da diversificação	Embora as ações sejam mais agressivas do que outros tipos de investimentos, manter ações que reagem de maneira diferente às mudanças do mercado, pode reduzir parte do risco total das ações individuais.
Liquidez	Um mercado secundário saudável, garante que você encontre compradores para as ações quando quiser se desfazer delas. No entanto, dependendo do momento, você pode ter que vender considerando uma perda de principal.
Outras variáveis	O crescimento dos investimentos em ações é determinado por diversas variáveis, além de somente taxas de juros do mercado, permitindo que outras variáveis potenciais influenciem o crescimento da empresa e consequentemente o valor das ações.

CLASSE DAS AÇÕES

Os principais tipos de classes de ações nos EUA são:

1. Classe A
2. Classe B

A diferença entre as ações classe A e classe B, é claramente demonstrada através da Berkshire Hathaway Inc. Empresa administrada pelo lendário investidor Warren Buffett. As ações classe B da empresa, foram negociadas na bolsa de valores por $208.96 em 5 de março de 2020, enquanto suas ações classe A foram negociadas por $315,000.00.

Buffett permitiu que as ações de sua empresa subissem na estratosfera, porque preferia concentrar o poder de voto relativamente nas mãos de poucos investidores. Em 1996, ele decidiu criar uma ação classe B para atrair pequenos investidores. Não há diferença substancial entre as duas, exceto que a ação classe B tem 1/1500 do valor de uma ação da classe A e, logicamente, tem poder de voto proporcionalmente menor. As ações classe B não devem ser confundidas com as ações preferenciais.

DIVIDENDOS

Um benefício potencial de investimento em ações é o direito de receber dividendos. Quando uma empresa é lucrativa, seu conselho de administração pode optar por pagar dividendos a seus acionistas. Os dividendos podem ser pagos na forma de dinheiro ou em oferta de ações adicionais ao investidor.

Terminologia básica das ações ordinárias (common stock)

Não há classificações formais de ações ordinárias, mas existem termos com os quais você deve se familiarizar. As classificações mais prevalentes são:

- *Blue Chip Stocks*: são ações ordinárias emitidas por grandes empresas, com registros sólidos de crescimento de dividendos ao longo do tempo. Exemplos incluem McDonald's, Johnson and Johnson e General Electric.

- *Growth Stocks*: são ações ordinárias emitidas por empresas, com crescimento de vendas e ganhos bem acima da média do setor. Os ganhos são retidos e reinvestidos na empresa. Exemplos incluem Microsoft e Intel.

- *Income Stocks*: são ações geralmente associadas a empresas mais maduras, que pagam dividendos relativamente altos, com pouco aumento nos lucros. Exemplos incluem ações de empresas de serviços públicos.

- *Value Stocks*: são ações mal avaliadas pelo mercado, mas há algum valor intrínseco que pode levá-las a recuperar o valor. Mesmo as ações blue chips podem ser classificados como value stock por um breve período, tudo depende da situação atual da ação no mercado.

- *Speculative Stocks*: são ações arriscadas, pois é difícil prever os lucros futuros da empresa. Muitas dessas ações são negociadas no mercado de balcão (over-the-counter), ou seja, não são ações listadas nas bolsas de valores formais tais como a NYSE – Bolsa de Valores de NY.

- *Cyclical Stocks*: são ações emitidas por empresas cujos ganhos tendem a mudar conforme o desempenho da economia e incluem produtores de bens duráveis, como máquinas de lavar e carros.

- *Defensive Stocks*: são ações emitidas por empresas cujos ganhos não são afetados pela oscilação da economia e, em alguns casos, apresentam melhor desempenho durante as crises. Exemplos incluem produtores de bens de consumo, como cerveja, cigarros e produtos alimentícios.

- *Large caps, mid caps and small caps*: refere-se ao tamanho da empresa que emite a ação e, mais especificamente, ao nível de sua capitalização ou valor de mercado.

DICA DO CONSULTOR

Large caps são ações de empresas que tem $10 bilhões ou mais de valor de mercado, *mid caps* tem entre $2 bilhões a $10 bilhões de valor de mercado, *small caps* tem menos de $2 bilhões de valor de mercado. As empresas maiores são vistas como mais conservadoras.

Avaliação de ações

Alguns investidores consideram o preço cotado para uma ação no mercado como o seu verdadeiro valor, enquanto outros estão determinados a descobrir um valor oculto. Aqueles que acreditam que existe um valor oculto, usarão vários métodos de avaliação de ações para determinar o valor intrínseco da ação e compará-la com o preço real.

Se o valor que eles obtiverem for maior que o preço de mercado, as ações serão subavaliadas. Nesse caso, o investidor comprará e manterá as ações até atingir um valor que considere apropriado. Se a avaliação do investidor for inferior ao preço de mercado, a ação será supervalorizada.

Dessa forma, eles podem vender ações ao preço atual da ação no mercado. Investidores e corretores podem usar muitos métodos para determinar se uma ação está subavaliada ou supervalorizada. Como muitos fatores afetam o preço das ações, os métodos de avaliação nem sempre são bem-sucedidos na previsão do movimento futuro dos preços das ações.

Alguns termos usados para expressar valores diferentes de uma ação são:

- *Book value,*
- *Market value.*

Esses termos são usados em vários métodos de avaliação.

Book Value

O valor contábil é calculado dividindo o patrimônio líquido de uma empresa, pelo número de ações em circulação. Como uma empresa gera renda ao longo do tempo, grande parte dos rendimentos são pagos aos credores, na forma de juros, e aos acionistas como dividendos. O restante é adicionado como lucros acumulados nos livros da corporação.

A soma dos lucros acumulados e outras entradas no patrimônio líquido, é o valor contábil do patrimônio líquido. O valor contábil por ação é obtido dividindo o valor contábil do patrimônio líquido pelo número de ações em circulação.

Market Value

O valor de mercado de uma empresa depende da oferta e demanda de suas ações no mercado. Muitos fatores podem afetar o motivo de alguém querer comprar ações de uma empresa. Pode ser que a empresa esteja indo bem ou o mercado de ações em geral esteja indo bem. O valor de mercado de uma ação é expresso no seu preço cotado na bolsa de valores. Ações ativamente negociadas são cotadas ao longo do dia. Você pode obter o preço da maioria das ações na TV ou na Internet.

Stock Splits

A administração de uma empresa pode decidir alterar o valor das ações, por um desdobramento ou agrupamento de ações. Divisões e reversões afetam apenas o preço por ação. Um desdobramento de ações adiciona ações com base em uma proporção; portanto, o preço por ação diminui. Um agrupamento combinaria ações e, portanto, aumentaria o preço por ação.

Por exemplo, se uma ação com valor nominal de $100.00 for

DICA DO CONSULTOR

Você pode acessar o preço das ações americanas usando os portais de notícias financeiras Yahoo Finance e CNBC. Estes são os 2 portais que costumo visitar diariamente para obter informações do mercado financeiro americano e internacional.

dividida em dois por um, o detentor de 200 ações antigas receberá 400 novas ações com valor nominal de $50.00, ou seja, o valor patrimonial continuará o mesmo. As empesas geralmente fazem isso para dar maior liquidez das ações no mercado.

Ações preferenciais (preferred stocks)

Além das ações ordinárias, uma empresa também pode emitir ações preferenciais. As ações preferenciais são uma forma de investimento em ações que recebe um dividendo estipulado, ou seja, o dividendo é declarado pela administração da empresa. Os proprietários de ações preferenciais têm direito preferencial aos lucros da empresa, perante os acionistas ordinários.

Os pagamentos de proventos das ações preferenciais são chamados de dividendos, e não se qualificam como despesa dedutível de tributos da empresa emissora. Os dividendos preferenciais são declarados como um percentual e devem ser pagos aos acionistas antes que os acionistas ordinários recebam quaisquer dividendos. Existem várias disposições que protegem os acionistas preferenciais contra ações potencialmente prejudiciais. Muitas emissões de ações preferenciais são exigíveis a um preço de resgate declarado.

Bolsa de Valores (Stock Exchanges)

Quando um indivíduo ou uma instituição deseja comprar ou vender ações, precisa recorrer aos corretores. Os corretores dirigem-se a uma bolsa de valores para preencher a solicitação de pedido do indivíduo ou da instituição. Nem todas as ações estão representadas em todas as trocas. Algumas ações estão listadas em bolsas que não possuem uma localização física, como a Nasdaq. Outras estão listadas em bolsas onde são realizados leilões ao vivo, como a NYSE – Bolsa de Valores de Nova York.

MERCADO DE AÇÕES

A seguir, são apresentados quatro mercados em que as ações são negociadas.

MERCADO DE AÇÕES	
A seguir, são apresentados quatro mercados em que as ações são negociadas.	
Primary Market (Mercado Primário)	Mercado de Oferta Pública Inicial, em que as ações são inicialmente vendidas da empresa a um revendedor.
Secondary Market (Mercado secundário)	Bolsas de Valores como NYSE, AMEX e OTC.
Third Market (Terceiro Mercado)	Títulos listados em uma bolsa, que são negociados em outra.
Fourth Market (Quarto Mercado)	Negociação direta de valores mobiliários listados em bolsa entre investidores. É mais barato negociar e é anônimo. As negociações são feitas através da Instinet – rede de negociação que facilita negociações entre assinantes.

Nasdaq

A maioria das ações dos EUA, é negociada no mercado de balcão (OTC – *over-the-counter*). O sistema de Cotação Automatizada da Associação Nacional de Negociantes de Valores Mobiliários (Nasdaq – *National Association of Securities Dealers Automated Quotations*) é um sistema computadorizado, que facilita a negociação e fornece cotações atualizadas, com preço de aproximadamente 5.000 ações, negociadas ativamente.

Historicamente, a Nasdaq era conhecida como o lar de muitas ações de alta tecnologia. As ações de tecnologia mais conhecidas atualmente cotadas na Nasdaq incluem *Microsoft, Intel, Apple, Google e Facebook*.

Em vez de ter uma localização física central onde compradores e vendedores negociam, a Nasdaq é o maior mercado eletrônico do mundo. Devido à sua arquitetura aberta, ela tem a capacidade de facilitar a negociação das ações de uma empresa por um número ilimitado de usuários.

Bolsa de Valores Americanas

Além de mercados eletrônicos como o da *Nasdaq*, as ações também são negociadas em bolsas organizadas com locais físicos. A maior e mais famosa bolsa de valores do mundo é a Bolsa de Nova York (NYSE), localizada em Wall Street, Nova York. A NYSE lista cerca de 3.000 ações ordinárias e preferenciais emitidas por empresas americanas. É um mercado de leilão para ações de grandes empresas, como *General Electric, IBM e Coca-Cola.*

As empresas menores estão listadas em outras Bolsas locais. Nas Bolsas de Valores de Boston, Filadélfia e Chicago. As Bolsas de Valores nos EUA foram estabelecidas há muito tempo. Para se ter uma ideia, a Bolsa de Nova York foi fundada em 1792. A Bolsa de Boston, vendida para a Nasdaq no ano de 2007, foi fundada em 1834.

A *Chicago Board Options Exchange* (Cboe) foi fundada mais recentemente, em 1973. É o maior mercado de opções do mundo com contratos focados em ações e índices. Em 2010, a empresa se converteu em uma empresa de capital aberto e passou a se chamar *Cboe Global Markets, Inc.* A Cboe agora é a *holding* e a bolsa é um ativo primário. A Cboe também é a criadora do Índice de Volatilidade (VIX), que é o proxy mais amplamente usado e reconhecido para a volatilidade do mercado.

CME Group Inc. é uma empresa de mercados globais. É a maior bolsa de derivativos financeiros do mundo e negocia classes de ativos que incluem produtos agrícolas, moedas, energia, taxas de juros, metais e índices de ações.

ÍNDICES DE MERCADO

Como foi o mercado ontem? Como o mercado está reagindo às notícias? Tais perguntas são frequentemente respondidas examinando o desempenho de um índice de mercado. Um índice de mercado, é uma coleção de valores mobiliários, cujos preços são calculados como média para refletir o desempenho geral do investimento de um mercado específico.

Alguns índices de mercado representam uma ampla perspectiva do mercado de ações, e as pessoas usam seu desempenho como indicadores de como está o mercado de ações inteiro. Outros índices de mercado representam um setor específico de um mercado. Esses índices diferem entre si em relação aos valores mobiliários incluídos no índice, e aos métodos empregados no cálculo do valor do índice.

É importante reconhecer qual índice de mercado é o mais apropriado para ser usado como referência para comparar com um portfólio de ações.

DJIA – Dow Jones Industrial Average

O Dow Jones Industrial é um índice ponderado por preços (*price-weighted index*).

O DJIA é o segundo mais antigo índice de mercado dos EUA. O DJIA foi projetado para servir como um parâmetro da saúde da economia dos EUA.

Também conhecido como Dow 30, é um índice que rastreia 30 grandes empresas de capital aberto negociadas na Bolsa de Valores de Nova York. O índice recebeu esse nome em homenagem aos seus criadores, Charles Dow e Edward Jones. Quando os repórteres das redes de televisão dizem que o mercado está em alta hoje, geralmente estão se referindo ao índice Dow Jones (DJIA).

S&P500 – Standard & Poor's 500 Stock Composite

A Standard & Poor's Corporation é uma empresa de informações financeiras que desenvolveu seu primeiro indicador do mercado de ações em 1923. Os preços de 233 ações foram compilados manualmente e usados para criar 26 índices do setor. Em 1941, a lista de 233 ações havia aumentado para 416, e elas foram usadas para criar 72 índices industriais. Em 1957, a amostra de 416 ações foi expandida para 500 ações, e elas foram usadas para criar o índice Standard & Poor's 500 Stock Composite Index, que foi retabulado por computador a cada minuto durante cada dia de negociação.

O S&P500 utiliza um método de ponderação de capitalização de mercado (*market capitalization weighting*), oferecendo uma alocação percentual mais alta para empresas com as maiores capitalizações de mercado.

O S&P500 é uma representação muito mais ampla de ações de grandes empresas. É um índice mais representativo do investimento em ações ordinárias diversificadas nos EUA do que o DJIA.

Outros índices

Outros índices de ações nos EUA são:

* *Russell 2000*, que é composto por 2000 pequenas empresas.

* *Wilshire 5000*, que é um índice muito amplo, composto por ações da NYSE, da American Stock Exchange e da NASDAQ.

* NYSE, AMEX e NASDAQ têm índices que registram o movimento de suas ações listadas.

* Também existem índices que representam ações de pequena capitalização, micro-capitalização, ações de indústrias ou

setores específicos, como transporte ou tecnologia, ações listadas nas bolsas de valores de outros países etc.

É importante combinar o índice apropriado com uma ação específica ou um portfólio de ações. Por exemplo, seria inapropriado comparar o desempenho das ações de uma empresa japonesa com o DJIA. Seria mais apropriado olhar para o índice Nikkei, composto por empresas listadas na bolsa de valores japonesa.

Em tempo, o índice representativo da bolsa de valores brasileira é o IBOVESPA.

DECISÕES DE INVESTIMENTOS EM AÇÕES

O mercado de ações pode ter o potencial de entregar retornos mais altos do que outros investimentos, como títulos de renda fixa ou poupança. Contudo, há significativamente mais riscos envolvidos, necessitando muito mais conhecimento para tornar as decisões corretas. O primeiro passo para começar a investir é abrir uma conta em alguma corretora (*brokerage companies*). Existem várias corretoras disponíveis no mercado americano.

A seleção e escolha das melhores ações dependem da sua atitude, em relação ao risco. Ninguém pode prever o mercado de ações e, portanto, é aconselhável escolher um portfólio diversificado de ações em diferentes empresas e em diferentes setores.

DICA DO CONSULTOR

Operar ações nos EUA é bem acessível. Mesmo não-residentes nos EUA, podem abrir uma conta em determinadas corretoras de valores nos EUA. A *Interactive Brokers* (www.interactivebrokers. com) e a Avenue (www.avenue.us) abrem conta para brasileiros que moram no Brasil, ou seja, investidores que não possuem endereço nos EUA. A Avenue inclusive tem um website e atendimento virtual todo em português.

Uma maneira conveniente de obter exposição a ações enquanto diversifica o risco, é investir em um fundo que possui uma coleção de ações. Outro caminho é contratar um profissional devidamente registrado, e com papel fiduciário, para orientá-lo e gerenciar os seus investimentos em ações. Nos EUA é muito comum as famílias contratarem um *Financial Advisor* para orientar e montar estratégias de investimentos condizentes com o perfil, estilo de vida e tolerância ao risco da família.

Conta de investimentos em uma corretora de valores nos EUA

Assim como uma conta bancária representa o dinheiro que você deposita em um banco, uma conta de corretagem representa dinheiro ou investimentos que você possui em uma corretora (*broker-dealer*). Para a maioria dos investidores, essa conta inclui títulos e, possivelmente, algum dinheiro.

Quando um investidor deseja comprar ou vender valores mobiliários, tudo o que o investidor precisa fazer é abrir uma conta com uma corretora e fornecer ao corretor as especificações do pedido. Após a assinatura dos formulários iniciais, todas as transações podem ser realizadas por correio, telefone ou via Internet.

As transações serão postadas na sua conta da mesma forma que em uma conta bancária. Por exemplo, você pode depositar dinheiro, comprar ações usando dinheiro da conta e adicionar os rendimentos das vendas das ações à conta. Os corretores cobram taxas, mas podem auxiliá-lo e tornar as transações de segurança o mais simples possível. Você pode acessar, a qualquer momento, o demonstrativo da conta, tal qual o seu extrato bancário. Aplicações e revisões adicionais são necessárias antes que os clientes possam negociar opções e operações com derivativos financeiros.

Estratégias de investimento

Os profissionais de investimento adotam uma variedade de estratégias, para simular o retorno do índice de referência alvo ou para superá-lo. Há algum mérito em cada uma das estratégias, e algumas funcionam melhor em ambientes específicos de mercado. No geral, é importante determinar se a estratégia se adequa ou não à tolerância ao risco do cliente, ao horizonte de tempo e, é claro, aos objetivos de investimento. Esta lição ajuda a identificar o objetivo de cada estratégia de investimento e o tipo de investidor que pode tirar proveito dela.

Market Timing

"Compre na baixa, venda na alta." Esse sentimento é o epítome do timing do mercado. A estratégia é simplesmente tentar comprar títulos quando o mercado está em baixa e vendê-los quando o

DICA DO CONSULTOR

Muitas corretoras oferecem serviços gratuitos, como cotações em tempo real, gráficos personalizáveis, resumos de mercado, perfis de empresas, notícias e estimativas de ganhos. Algumas até oferecem ferramentas sofisticadas de análise. Acesse o site de qualquer corretora americana, como por exemplo:

Avenue – www.avenue.us

Merrill Lynch – www.ml.com

TD Ameritrade – www.ameritrade.com

Interactive Brokers – www.interactivebrokers.com

BNY Mellon – www.bnymellon.com

Charles Schwab – www.schwab.com

Revise o tipo de relatórios de pesquisa e serviços adicionais fornecidos.

mercado está alto. A parte difícil é prever quando o mercado está baixo e quando está alto. Infelizmente, investidores iniciantes permitem que as emoções atrapalhem os seus investimentos e acabam fazendo o inverso. Eles vendem quando há perda de valor e compram quando o investimento se apresenta positivo por algum tempo.

É muito difícil conseguir o timing do mercado. As pessoas raramente conseguem a perfeição. Você não apenas precisa decidir quando sair do mercado antes que comece a cair, mas também precisa determinar o momento exato de voltar para aproveitar uma expansão.

Passive Management (Indexing)

No setor de investimentos muitas vezes, é feita uma distinção entre gerenciamento passivo – manter títulos por períodos relativamente longos com mudanças pequenas e pouco frequentes – e gerenciamento ativo.

Gerentes passivos geralmente agem como se os mercados fossem relativamente eficientes. Em outras palavras, suas decisões são consistentes com a aceitação de estimativas consensuais de risco e retorno.

As carteiras que possuem podem ser carteiras de mercado, conhecidas como fundos de índice, ou podem ser carteiras personalizadas para atender clientes com preferências e circunstâncias diferentes das do investidor médio. Em ambos os casos, os gerentes passivos de portfólio não tentam superar seus benchmarks designados, ou seja, algum índice de mercado que servirá de referência.

Os gerentes ativos acreditam que, de tempos em tempos, existem valores mobiliários com preços incorretos ou grupos de valores mobiliários. Eles não agem como se acreditassem que os mercados de segurança são eficientes. Em outras palavras, eles usam previsões desviantes; isto é, suas previsões de riscos e retornos esperados diferem das opiniões de consenso.

Em resumo, gestão passiva é aplicar os recursos em algum fundo ou índice de mercado e acompanhar periodicamente.

Buy and Hold

Uma estratégia de investimento de compra e manutenção envolve a compra de ações e a manutenção por um período de anos. Há quatro razões pelas quais vale a pena considerar essa estratégia.

Veja a seguir, as razões ao considerar a estratégia de compra e manutenção:

- Visa evitar o timing do mercado. Ao comprar e manter a ação, os altos e baixos que ocorrem em períodos mais curtos se tornam irrelevantes.

- Minimiza taxas de corretagem e outros custos de transação. A compra e venda constantes realmente aumentam os custos das operações, mas a compra e a retenção têm apenas a cobrança inicial da taxa de corretagem e demais custos. Ao manter esses custos baixos, o investidor retém mais retornos das ações.

- Ajuda a adiar qualquer imposto sobre ganhos de capital quando você está detendo e não vendendo as ações. Quanto mais tempo você ficar sem pagar impostos, mais tempo ficará com seu dinheiro, e mais poderá reinvestir os retornos acumulados.

- Ajuda seus ganhos a serem tributados como ganhos de capital a longo prazo.

Technical Analysis

Uma das principais divisões nas fileiras de analistas financeiros, é entre aqueles que usam análise fundamentalistas e aqueles que usam análise técnica.

A análise técnica é o estudo das informações das próprias transações e preços registrados nas bolsas de valores. A palavra técnico implica um estudo do próprio mercado, os volumes das forças de oferta e demanda no mercado. Os analistas técnicos acompanham as estatísticas do mercado, como níveis de preços e volume de negócios nas bolsas.

O técnico geralmente tenta prever movimentos de preços de curto prazo e, assim, faz recomendações sobre o momento das compras e vendas de ações específicas, grupos de ações (como indústrias) ou ações em geral. A metodologia da análise técnica baseia-se no pressuposto, de que a história tende a se repetir na bolsa de valores.

Assim, os técnicos afirmam que o estudo de padrões passados de variáveis como preços e volumes permitirá ao investidor identificar com precisão, os momentos em que determinadas ações específicas (ou grupos de ações ou o mercado em geral) estão supervalorizadas ou abaixo do preço.

DICA DO CONSULTOR

Warren Buffet diz que seu período de espera favorito é para sempre, porque não haveria nenhum evento tributável até o final e nenhuma taxa de transação pelo caminho. Realisticamente, algumas pessoas não podem comprar e manter para sempre. Pode haver uma necessidade real do dinheiro ou, em muitos casos, os investidores não conseguem aguentar o caminho emocional de se apegar a um investimento que flutua bastante no curto prazo. Na realidade, os profissionais de investimento usam uma combinação de estratégias para evitar as armadilhas inevitáveis de qualquer estratégia.

O objetivo deste capítulo foi fornecer um entendimento básico do investimento em ações. Não se trata de recomendação de investimentos. O valor das ações pode cair e subir. O desempenho passado não garante retornos no futuro.

Capítulo 11

INVESTINDO EM RENDA FIXA NOS EUA

Se você almeja ser rico, pense em poupar assim como você pensa em ganhar.

Benjamin Franklin

M uitos imigrantes estão familiarizados com a posse de instrumentos de dívida, como hipotecas residenciais (*mortgages*), financiamento de veículos (*auto loans*) ou empréstimos estudantis (*student loans*). Esses empréstimos permitem que bancos e demais instituições financeiras, emprestem dinheiro àqueles que precisam. Para o mutuário, isso representa uma maneira de obter uma grande quantia em dinheiro antecipadamente; e pagar o empréstimo de forma incremental ou como um único pagamento no futuro. Para o credor o benefício está na compensação que será recebida, além do reembolso do valor original do empréstimo. Essa compensação é conhecida como juros. Como a maioria dos títulos e empréstimos tem uma quantidade especificada de juros, *bonds* também são conhecidos como títulos de renda fixa.

Bond é um título de renda fixa que efetivamente refere-se a um empréstimo, feito por um governo ou corporação. Quando você investe em um título de renda fixa, está emprestando dinheiro à organização que o emitiu. Em troca do investimento, o emissor fornece um nível de renda acordado, onde a forma de remuneração é definida através de uma taxa de juros (o cupom).

Em uma data acordada, o governo ou corporação retornará o valor nominal (o preço de emissão original do título). Este tempo decorrente da emissão do título até o seu vencimento, é definido como maturidade. Os títulos de renda fixa e as ações estão constantemente, competindo pelo dinheiro dos investidores. Quando o mercado de ações está caindo, os investidores frequentemente recorrem ao mercado de títulos, para preservar a sua rentabilidade. Investir no mercado de títulos também é uma maneira fácil de adicionar diversificação em um portfólio, reduzindo a exposição ao risco geral.

ATRIBUTOS DOS TÍTULOS DE RENDA FIXA

O emissor do título está essencialmente tomando um empréstimo do investidor, prometendo pagar em um determinado momento futuro, com juros. A taxa de juros é simplesmente o custo do dinheiro. Os juros podem ser pagos periodicamente ou de uma vez, no final do contrato de empréstimo.

Como os direitos concedidos ao investidor podem ser distintos de um título de dívida para outro, e como as perspectivas futuras dos emissores podem diferir substancialmente, o número de tipos de títulos de renda fixa é expressivo e continua a crescer. Estimativas confirmam que o mercado de renda fixa é bem maior que o mercado de ações. Os títulos de dívida com prazo de vencimento inferior a um ano, também são chamados de instrumentos do mercado monetário (*money market*). Os títulos de dívida com vencimento em mais de um ano são geralmente chamados de títulos (*notes ou bonds*). O termo renda fixa é frequentemente usado de forma intercambiável com títulos (*bonds*).

Normalmente, esses títulos prometem ao investidor que ele receberá determinados fluxos de caixa especificados, em determinados momentos no futuro. O investimento original será retornado no final do período especificado.

Semelhante a um empréstimo, os termos de um título de renda fixa são declarados em seu certificado, conhecido como escritura do título. O valor nominal é o valor principal do empréstimo, que o comprador do título de renda fixa está emprestando ao emissor. Esse valor nominal deve ser pago em algum momento no futuro. A data em que o empréstimo será reembolsado é conhecida como data de vencimento ou maturidade.

Os termos também devem especificar o valor dos juros, que o emissor pagará ao investidor. Os juros pagos são conhecidos como taxa de cupom (algumas vezes referida como taxa nominal), que é sempre expressa como uma porcentagem do valor nominal do título. Finalmente, os termos devem especificar se o empréstimo pode ser pago antecipadamente ou não.

Embora os fluxos de caixa sejam prometidos, é possível que os pagamentos não sejam recebidos. Ou seja, em muitos casos, há risco de que um pagamento esperado não seja feito na íntegra e no prazo. Por isso que é sempre importante avaliar o nível de risco de cada título emitido. O risco de um título é medido por agências de classificação de risco, tais como *Moody's, S&P e Fitch*.[1]

---

1. Uma agência de classificação de risco de crédito (do inglês **credit rating agency**) é uma empresa que, por solicitação de um ou vários clientes, qualifica determinados produtos financeiros tanto de empresas, como de governos ou países, avalia, atribui notas e classifica esses países, governos ou empresas, segundo o grau de risco de que não paguem suas dívidas no prazo fixado.

Os principais atributos de títulos de renda fixa são:

- Valor nominal (*Par value*)
- Tempo até o vencimento (*Maturity*)
- Taxa de Cupom (*Coupon*)
- Disposições de compra e venda (*Call e Put provisões*)
- Probabilidade de inadimplência

VALOR NOMINAL

O valor nominal de um título de renda fixa também é conhecido como par value. É o preço inicial da emissão do título. Alguns dos títulos de renda fixa de curto prazo, como instrumentos do mercado monetário, são normalmente emitidos com valores nominais mais altos, como $100,000 ou $1,000,000. Os títulos corporativos de longo prazo geralmente são fixados em um valor nominal de $1,000.

Quando um título de renda fixa é negociado no mercado secundário, seu preço de mercado depende do ambiente atual da taxa de juros. Quando as taxas de juros aumentam acima dos juros declarados da dívida (a taxa do cupom), os novos títulos emitidos no mercado irão pagar uma taxa de juros mais alta que a dos títulos existentes. Portanto, para que os títulos existentes continuem sendo atraentes para os compradores no mercado secundário, seu preço deve diminuir abaixo do valor nominal, também conhecido como título descontado (*discount bond*).

Quando as taxas de juros diminuem abaixo dos juros declarados da dívida (a taxa do cupom), o título existente valerá mais, pois os novos títulos emitidos no mercado irão pagar menos juros. Portanto, o preço de mercado do título existente estaria acima do valor nominal, também conhecido como título premium (*premium bond*).

MATURIDADE

O prazo de vencimento tem um grande efeito na exposição a riscos, de um título de renda fixa, bem como no valor percebido do título. Quanto maior o prazo de vencimento de um título de renda fixa, maior o tempo que seus pagamentos de cupons serão afetados pelas taxas de juros e pelos riscos de reinvestimento.

Portanto, os títulos de renda fixa a longo prazo são percebidos como os de maior risco, e normalmente pagam uma taxa de cupom mais alta do que as emissões a curto prazo, para compensar esse risco.

No entanto, há ocasiões em que a curva de juros muda de direção e torna-se plana ou invertida. Nesses casos, títulos de longo prazo poderiam pagar o mesmo rendimento, ou menos, do que títulos de curto prazo.

O valor de um título de renda fixa é derivado do valor presente de todos os seus fluxos de caixa futuros, incluindo o retorno do valor nominal no vencimento. Quanto maior a duração de um título de renda fixa, mais exposto a risco de inflação, risco de reinvestimento e risco de taxa de juros.

A exposição adicional a riscos seria novamente compensada por meio de taxas mais altas de cupons. À medida que um título se aproxima da maturidade, sua exposição a riscos é menor e sua sensibilidade a movimentos de juros também é menor.

DICA DO CONSULTOR

A duration é uma medida mais precisa do risco de um título. Ela ajuda a determinar a rapidez com que seu dinheiro é devolvido. É expresso em número de anos. Com tudo igual, quanto maior o cupom, menor a duration e vice-versa. Procure verificar a duration de um bond ao considerar comprá-lo.

Taxa Cupom

A taxa de cupom de um título é a taxa de juros declarada pelo emissor. Pode ser considerada como a receita que o investidor terá se adquirir o bond. Eles são chamados de cupons porque no passado, os detentores desses instrumentos de dívida eram obrigados a enviar cupons de seus certificados, para receber os pagamentos de juros.

Antigamente, os detentores de títulos deveriam cortar os cupons da parte inferior do certificado, e enviá-los ao emissor para receber os pagamentos dos juros estipulados. Os corretores do passado davam tesouras para os investidores que compravam os títulos. Hoje, os corretores mantêm registros de quem possui os títulos e os cupons são automaticamente pagos a eles.

A maioria dos investidores compra títulos para receber a renda. Os títulos de renda fixa são frequentemente considerados uma boa alternativa, para complementar a renda. A maioria dos títulos corporativos paga cupons semestralmente, ou seja, os investidores recebem os juros duas vezes ao ano.

Os juros, ou a taxa do cupom, são o custo do empréstimo para o emissor. O valor do cupom é influenciado pelos riscos que um investidor está assumindo ao comprar os títulos de renda fixa. Além disso, deve-se considerar o atual ambiente de taxas de juros estabelecido pelas políticas monetárias do *Federal Reserve*, o banco central americano.

Se uma empresa emissora fosse exposta a uma quantidade significativa de risco, teria que tornar o cupom atraente o suficiente para que os investidores quisessem comprá-lo.

Quem já solicitou um empréstimo de carro ou um mortgage nos EUA, sabe do que estou falando. A taxa de juros contratada depende parcialmente do seu histórico de crédito. Quanto menor a sua pontuação de crédito, maior a taxa de juros cobrada pela instituição financeira, de forma a compensar o risco adicional.

APLICANDO OS CONCEITOS

Se um título de $1,000 com vencimento em 5 anos tiver uma taxa de cupom anual de 6%, juros pagos semestralmente, ou sejam duas vezes ao ano, qual seria seu valor presente se os juros estivessem em 8%, 6% ou 4%?

Resposta:

8% = $919; 6% = $1,000; 4% = $1,090

Explicação:

- 8% – Taxa de Juros > Taxa Cupom, o valor presente está descontado, é menor que o valor nominal do título.
- 6% – Taxa de Juros = Taxa Cupom, o valor presente é o mesmo que o valor nominal, ou seja, ao par.
- 4% – Taxa de Juros < Taxa Cupom, o valor presente é maior que o valor nominal do título, ou seja, premium.

Disposições de compra e venda (Provisões de Call e Put)

Os emissores podem querer o direito de quitar seus títulos, ao valor nominal (*par*) antes do vencimento. Essa capacidade fornece flexibilidade à administração, pois a dívida pode ser reduzida ou sua maturidade alterada mediante o reembolso. Mais importante ainda, um título emitido durante um período de altas taxas de juros poderia ser substituído por um novo título com taxa de juros (cupom) menor, se as taxas diminuíssem.

Apesar do custo de obter esse tipo de flexibilidade, muitos emissores incluem provisões de compra em suas carteiras de títulos.

Isso dá à corporação, a opção de chamar parte ou todos os títulos de seus detentores a preços estabelecidos, durante períodos especificados antes do vencimento. Em certo sentido, a empresa vende um título e simultaneamente compra uma opção dos detentores. Assim, o preço líquido do título é a diferença entre o valor do título e a opção.

DICA DO CONSULTOR

Para resolver o valor presente do título da página 187, insira as seguintes informações em uma calculadora financeira HP12C.

- PMT (payment) = taxa cupom, neste caso, o cupom é calculado multiplicando o valor nominal do título de $1000 × 6% (taxa declarada) = $60 por ano ÷ 2 = $30 por semestre, valor que o investidor irá receber duas vezes por ano.

- i (taxa de juros) = 8% anual ÷ 2 = 4% semestral; 6% anual ÷ 2 = 3% semestral; 4% anual ÷ 2 = 2% semestral.

- n (número de períodos do fluxo de Caixa) = 5 anos, capitalização semestral = 10 vezes, pois 5 anos tem 10 semestres

- FV (valor futuro) = valor que o investidor receberá no vencimento será de $1000

- PV (valor presente) = será a resposta com o preço do título para cada variação de taxa de juros.

Teclas da HP12C:

8%:

30 PMT, 4 i, 10 n, 1000 FV e pressione o botão PV para obter o valor presente do título, deve ser < $1,000. Resposta: PV = $919

6%:

30 PMT, 3 i, 10 n, 1000 FV e pressione o botão PV para obter o valor presente do título, deve ser = $1,000. Resposta: PV = $1,000.

4%:

30 PMT, 2 i, 10 n, 1000 FV e pressione o botão PV para obter o valor presente do título, deve ser > $1,000. Resposta: PV = $1,090.

As provisões de venda dão aos detentores uma opção, mas desta vez é para trocar seus títulos por dinheiro igual ao valor nominal do título. Essa opção geralmente pode ser exercida por um breve período, após decorrido um número determinado de anos desde a emissão do título.

Probabilidade de inadimplência

Uma distinção importante entre títulos de renda fixa, é a probabilidade de o emissor deixar de pagar os juros e o valor principal do empréstimo. Esse risco é chamado de inadimplência ou risco de crédito. Qualquer título que possui garantia apoiada em plena fé e poder do Governo dos EUA, é considerado com a mais alta qualidade, ou seja, absolutamente sem riscos. Para todos os outros títulos de renda fixa, existem sistemas de classificação.

Existem várias empresas que classificam ativamente os títulos. Os sistemas de classificação Standard & Poor's, Moody's e Fitch são os mais comumente referidos no setor de títulos. Os títulos com as classificações mais altas são denominados títulos com

DICA DO CONSULTOR

Nem sempre é inteligente buscar um título somente por causa do valor do cupom que está sendo pago. Considere um título exigível que paga um cupom de 10% versus um título não exigível que paga um cupom de 8%. Se o título do cupom de 10% for exigido, o emissor irá emitir outro título com taxa cupom menor. Enquanto isso, a pessoa que comprou o título do cupom de 8% ainda recebe 8% ao ano porque o título não pode ser liquidado antes do tempo de maturidade. Portanto, é importante tomar decisões de compra mais ampla do que apenas analisar a taxa do cupom. Existem outras métricas a serem consideradas, uma delas chama-se Yield to Call, referente ao retorno que um detentor de títulos receberá, se o título for mantido até a data da chamada antes do vencimento, em um título que prevê esta disposição por parte do emissor.

Credit Rating Scales by Agency, Long – Term

Moody's	S&P	Fitch	
Aaa	AAA	AAA	Prime
Aa1	AA+	AA+	High grade
Aa2	AA	AA	
Aa3	AA-	AA-	
A1	A+	A+	Upper medium grade
A2	A	A	
A3	A-	A-	
Baa1	BBB+	BBB+	Lower medium grade
Baa2	BBB	BBB	
Baa3	BBB-	BBB-	
Ba1	BB+	BB+	Non investment grade speculative
Ba2	BB	BB	
Ba3	BB-	BB-	
B1	B+	B+	Highly speculative
B2	B	B	
B3	B-	B-	
Caa1	CCC+	CCC	Substantial risk
Caa2	CCC		Extremely speculative
Caa3	CCC-		Default imminent with little prospect for recovery
Ca	CC	CC	
Ca	C	C	
C			In default
/	D	D	
/			

JUNK

Calssificação de Risco – Fonte: wolfstreet.com

grau de investimento (investment grade) ou alta qualidade. Eles se enquadram na classificação de AAA a BBB para S&P, de Aaa a Baa para Moody's, de AAA para BBB para Fitch. Qualquer título classificado abaixo dos ratings BBB (S&P e Fitch) ou Baa (Moody's) é considerado de grau especulativo.

Instrumentos do Mercado Monetário

Certos tipos de empréstimos de curto prazo e altamente negociáveis, desempenham um papel importante nas atividades de investimento e contratação de empréstimos, de empresas financeiras e não financeiras. Instrumentos do mercado monetário são empréstimos a curto prazo, que normalmente vencem em menos de doze meses.

Devido ao seu curto prazo de vencimento, alta liquidez e emissores de alta qualidade, eles são considerados títulos muito conservadores ou de baixo risco. Investidores individuais com fundos substanciais podem investir diretamente nesses instrumentos do mercado monetário, mas a maioria o faz indiretamente por meio de contas através das instituições financeiras.

Os instrumentos do mercado monetário são especializados em títulos de curto prazo e oferecem aos investidores uma alternativa para contas de poupança e outros depósitos oferecidos por bancos. Eles investem em vários instrumentos de alta liquidez e de curto prazo, entre eles os papéis comerciais, acordos de recompra, CDs negociáveis e notas do Tesouro.

É importante perceber que as empresas de investimento (mutual funds) oferecem esse produto e, como tal, esses instrumentos não são protegidos pelo seguro FDIC. No entanto, considerando os instrumentos subjacentes nos quais os mercados monetários investem, eles geralmente são considerados bem seguros. Os fundos do mercado monetário também são uma alternativa aceitável de investimento para um fundo de emergência devido ao seu alto grau de liquidez.

Certificado de Depósito (CD)

Os certificados de depósito (CD) representam depósitos a prazo em bancos comerciais, ou associações de poupança e empréstimo. Os CDs de grande denominação (ou jumbo) são emitidos em valores iguais ou superiores a $100,000, têm um prazo especificado e geralmente são negociáveis, o que significa que podem ser vendidos por um investidor a outro. Esses certificados são segurados pela *Federal Deposit Insurance Corporation* (FDIC) ou pela *National Credit Union Administration* (NCUA). É importante não confundir esses CDs negociáveis com os não negociáveis vendidos em denominações menores para os consumidores.

Commercial Paper

O papel comercial é uma nota promissória de curto prazo, sem garantia de ativos. As empresas financeiras e não financeiras emitem instrumentos desse tipo. A quantidade em dólares de papel comercial em circulação excede a quantidade de qualquer outro tipo de instrumento do mercado monetário, exceto os títulos do Tesouro, sendo a maioria emitida por empresas financeiras.

Tais notas geralmente são emitidas por grandes empresas que não possuem linhas de crédito em bancos, o que torna altamente provável que o empréstimo seja quitado no vencimento. As taxas de juros refletem esse pequeno risco, sendo relativamente baixas em

DICA DO CONSULTOR

Para descobrir os detalhes dos limites de seguro da FDIC, visite o site: < https://www.fdic.gov/deposit/deposits/faq.html >

comparação com as taxas de outros títulos corporativos de renda fixa.

U.S. Treasury Securities

O governo americano, emite títulos do Tesouro dos EUA para financiar suas despesas, pagar dívidas existentes e controlar o suprimento de dinheiro na economia. Os títulos do Tesouro, são considerados obrigações diretas do governo dos EUA. Cerca de dois terços da dívida pública dos Estados Unidos são negociáveis, o que significa que ela é representada por títulos que podem ser vendidos a qualquer momento pelo comprador original.

Esses títulos negociáveis podem incluir letras do tesouro (*T-bills*), notas do tesouro (*T-notes*) e títulos do Tesouro (*T-Bonds*). Como os títulos do Tesouro dos EUA são apoiados pelo poder de tributação do governo e pela capacidade do governo de emitir mais dívidas, eles são considerados os instrumentos de dívida mais seguros em suas respectivas categorias de vencimento. Muitas vezes, a taxa de juros das letras do Tesouro dos Estados Unidos (*T-bills*) é usada como *taxa de retorno livre de risco*, para cálculos de análise de investimentos.

Como os títulos do Tesouro dos EUA são considerados os de renda fixa mais seguros do mundo, eles são muito procurados tanto nos Estados Unidos, quanto em todos os outros países. Os governos federal, estaduais e locais detêm uma parcela expressiva de seus recursos nos títulos do Tesouro, que representam uma parcela significativa das carteiras das instituições financeiras dos EUA. E as participações de investidores individuais também são substanciais. As participações de estrangeiros continuam a aumentar; essa é a forma de manter a moeda dos EUA e dos países estrangeiros mais estáveis, e evitar especulações.

Títulos do Tesouro dos EUA

TIPO	MATURIDADE
T-Bills	Menos de 1 ano
T-Notes	1 a 10 anos
T-Bonds	10 a 30 anos

T-Bills

Letras do Tesouro são instrumentos do mercado monetário emitidos na forma escritural, com base em descontos, com vencimentos de até 52 semanas e em valores de U$1,000 ou mais. O comprador recebe um recibo no momento da compra e o valor nominal da fatura no vencimento.

Embora as letras do tesouro sejam vendidas com desconto, seu rendimento em dólares (a diferença entre o preço de compra e o valor nominal se a nota for mantida até o vencimento) é tratado como receita de juros para fins fiscais.

Devido à maturidade de curto prazo e a garantia do governo dos EUA, as *T-bills* são consideradas um dos investimentos mais seguros do mundo. A taxa de juros dos *T-Bills* é frequentemente chamada de taxa livre de risco.

T-Notes

As Notas do Tesouro são emitidas com vencimentos de um a dez anos, e geralmente efetuam pagamentos de cupons semestralmente. Algumas notas, emitidas antes de 1983, eram títulos ao portador, com cupons anexados. O proprietário do título, teve que enviar cada cupom na data especificada para receber o pagamento pelo valor indicado e, portanto, eles foram descritos como cupons de recorte. A partir de 1983, o Tesouro cessou a emissão de títulos ao portador. Todos as emissões desde então, são registrados de forma escritural.

As Notas do Tesouro são emitidas em valores de $1,000 ou mais. Os pagamentos do cupom são definidos em um valor estabelecido, de acordo com as taxas de juros, para que as notas sejam vendidas inicialmente próximas ao valor nominal do título.

T-Bonds

Títulos do Tesouro têm vencimentos de dez a trinta anos. As denominações variam de $1,000 ou mais. Diferentemente das Notas do Tesouro, algumas emissões de títulos do Tesouro possuem provisões de compra que permitem que elas sejam "pagas" durante um período específico, que geralmente começa de cinco a dez anos antes do vencimento e termina na data de vencimento. O Tesouro tem o direito de forçar o investidor a vender de volta os títulos ao governo pelo valor nominal.

Inflation-Adjusted Securities (TIPS)

Em janeiro de 1997, o Tesouro dos Estados Unidos emitiu seus primeiros títulos ajustados à inflação, denominados Treasury Inflation-Protected Securities (TIPS). Eles são semelhantes aos títulos do Tesouro dos EUA em todos os aspectos, exceto pelo aumento do valor do principal pela alteração no Índice de Preços ao Consumidor (CPI). Seus pagamentos de cupons são calculados com base no valor principal corrigido de acordo com o período da inflação. Essa diferença, protege os investidores contra a inflação, mantendo o poder de compra do investidor ao longo do tempo,

---

DICA DO CONSULTOR

Você pode investir diretamente nos títulos americanos através do site <www.treasurydirect.gov>. O procedimento de abertura de conta é bem simples. Logicamente, o investidor precisa ter documentação nos EUA, tais como SSN ou EIN. Tanto indivíduos como empresas podem investir nos títulos do Tesouro americano.

uma vez que os títulos do Tesouro normais pagam cupons em valores nominais.

Títulos municipais

Os governos estaduais e locais, como os condados (*county*), também podem emitir títulos de dívidas, ou seja, podem pedir dinheiro emprestado para financiar suas operações. Seus títulos são chamados títulos municipais ou simplesmente "munis".

Títulos e notas municipais são semelhantes a outros títulos em todos os aspectos, exceto que os investidores de títulos de dívida municipal desfrutam de uma redução de imposto de renda federal, sobre os juros gerados por esses títulos. Se o investidor comprar títulos e notas municipais de seu estado de residência, poderá receber uma redução de imposto de renda estadual também sobre os juros recebidos.

Títulos corporativos

Além do governo e agências governamentais, as empresas são os maiores emissores de títulos. Os títulos corporativos são semelhantes a outros tipos de títulos de renda fixa, a medida em que prometem efetuar pagamentos em datas especificadas e fornecem soluções legais em caso de inadimplência. Restrições são frequentemente colocadas nas atividades da empresa emissora, a fim de fornecer proteção adicional aos portadores dos títulos (*bondholders*). Por exemplo, pode haver restrições na quantidade de títulos adicionais que podem

DICA DO CONSULTOR

Os TIPS são adequados para aquele investidor que busca rendimento seguro e ao mesmo tempo consegue proteção contra a inflação. Se o investidor estiver prevendo pressão inflacionária para os períodos futuros, pode ser uma opção a ser considerada.

ser emitidos no futuro. Os títulos corporativos podem variar de conservadores (alta qualidade ou baixo risco de crédito) a agressivos (baixa qualidade ou alto risco de crédito).

Investimentos imobiliários (Real Estate)

Comprar e possuir imóveis é uma estratégia de investimento que pode ser satisfatória e lucrativa. Ao contrário dos investidores em ações e títulos de renda fixa (*bonds*), os proprietários de imóveis podem usar a "alavancagem" para comprar um imóvel, pagando somente uma parte do custo total da propriedade, e o restante do valor ao longo do tempo.

Enquanto um mortgage tradicional geralmente exige um adiantamento (*down payment*) de 20% a 25%, em alguns casos, basta um adiantamento de 5% para comprar uma propriedade inteira. Isso certamente poderá incrementar a taxa de retorno do investimento, dependendo do retorno obtido com aluguéis da propriedade.

Em algumas regiões dos EUA, o valor do aluguel é maior que os valores das prestações dos financiamentos imobiliários. Neste caso, o investidor estaria criando um capital, com os recursos recebidos do inquilino, além da valorização do imóvel ao longo do tempo. O mercado imobiliário dos EUA é muito robusto e apresenta ótimas oportunidades. Como todo investimento imobiliário deve-se levar em consideração a localização, características do imóvel, perfil socioeconômico da região, distrito escolar, entre outras atribuições; no caso de imóveis residenciais.

DICA DO CONSULTOR

O melhor a fazer é sempre contar com profissionais da área para aconselhá-lo. Nos EUA, os corretores de imóveis são conhecidos como Realtor. Pesquise na região de seu interesse quem são os profissionais habilitados.

Capítulo 12

INVESTINDO EM FUNDOS NOS EUA

Busque investir em conjunto com grandes gestores, depois, é só ser paciente.

Bill Mann,

da Motley Fool Asset Management

Uma das formas mais comuns de se investir aqui nos EUA, é através de empresas de investimentos. São várias as modalidades existentes, com soluções para todos os perfis de investidores. Confira a seguir as principais empresas de investimentos nos Estados Unidos.

FUNDOS MÚTUOS (MUTUAL FUNDS)

Os fundos de investimento mútuos, são empresas de investimento que captam recursos financeiros de vários investidores e compram uma variedade de títulos de acordo com os objetivos declarados. Alguns fundos mútuos, conhecidos como fundos fechados, fazem uma oferta inicial de um número definido de ações que são negociadas exclusivamente no mercado secundário. Por outro lado, os fundos abertos oferecem continuamente novas ações ao público pelo valor patrimonial líquido do fundo.

Os fundos mútuos, são de longe o tipo mais popular de investimento em grupo (*pool investments*) nos Estados Unidos. Muitos americanos alocam seus recursos financeiros de poupança e investimentos, através de fundos mútuos. De fato, existem mais *mutual funds* disponíveis no mercado do que ações na Bolsa de Nova York.

Os fundos mútuos oferecem aos investidores uma variedade de opções para atingir suas metas de investimento. Os objetivos de investimento para fundos mútuos podem variar muito, desde o crescimento agressivo do capital até a simples preservação do principal investido.

Todos os fundos mútuos recebem uma porcentagem do total de ativos do fundo AUM (*Assets Under Management*), como uma taxa de remuneração pelo gerenciamento dos ativos. Alguns fundos mútuos têm encargos e taxas de vendas que são cobrados dos clientes, conhecidas como *sales loads*, uns têm taxas de distribuição e outros não. A estrutura de taxas de um fundo depende da classe de ações do fundo e de como ele é vendido.

As vantagens de investir em fundos mútuos são:

* Diversificação – Quando você investe em um fundo mútuo, está comprando uma pequena participação no portfólio já diversificado do fundo mútuo.

DICA DO CONSULTOR

Apesar dos mutual funds serem bem populares nos Estados Unidos, alguns deles cobram altas taxas de acesso ao fundo, bem como taxas de distribuição e vendas. Muitos investidores estão deixando de investir em fundos mútuos em detrimento dos ETF – *Exchanged-Traded Funds.*

- Gerenciamento profissional – Um fundo mútuo permite que você obtenha acesso ao gerenciamento profissional, fornecido por gestores de investimentos profissionais que têm acesso às melhores pesquisas e estudos setoriais de várias corretoras.

- Custos mínimos de transação – Como as empresas de fundos mútuos negociam em grandes quantidades, pagam menos em termos de comissões de corretagens, comparado aos pequenos investidores individuais.

- Liquidez – Fundos mútuos abertos são responsáveis por recomprar as ações dos investidores mediante solicitação. Portanto, as ações de fundo aberto possuem alta liquidez, uma vez que o fundo precisa resgatar as ações dos investidores sempre que solicitados.

- Flexibilidade – Existem mais de 9.000 fundos mútuos com objetivos e níveis de risco variados. Como investidor individual, você deve ser capaz de definir os objetivos e o nível de risco desejados e, a partir disso, encontrar um fundo que atenda às suas necessidades.

- Serviço – Os fundos mútuos podem fornecer vários serviços, incluindo serviços de contabilidade, contas correntes e sistemas automáticos que ajudam a automatizar a sua conta, além de aceitar ordens por telefone ou pela Internet.

As desvantagens de investir em fundos mútuos de investimento são:

- Desempenho abaixo do mercado – Não há garantia de que os fundos mútuos superem o índice do mercado, no caso dos EUA, pode ser o S&P500. Em média, a maioria dos fundos mútuos apresenta desempenho inferior ao mercado.

- Custos – Os custos associados ao investimento em fundos mútuos podem variar drasticamente de um fundo para fundo.

- Riscos – Na tentativa de vencer a concorrência, muitos fundos se tornaram especializados ou segmentados. Quando os fundos de investimento se concentram em pequenos setores do mercado, como ações de saúde / biotecnologia ou América Latina, eles não são muito bem diversificados.

- Risco sistemático – Você não pode diversificar o risco sistemático ou de mercado, resultante de fatores que afetam todas as ações. Portanto, se houver uma quebra no mercado, investir em fundos mútuos não o protegerá.

- Impostos – Quando os fundos mútuos vendem títulos em suas carteiras com fins lucrativos, a maioria do ganho de capital é distribuída aos acionistas.

Quando falam sobre fundos mútuos, normalmente estão se referindo aos fundos mútuos abertos. Os fundos abertos tornaram-se de longe, o veículo de investimento conjunto mais popular nos Estados Unidos. Diferentemente das empresas de investimento fechado, as empresas de investimento aberto ou fundos abertos, estão sempre dispostas a comprar suas próprias ações pelo valor nominal, ou pelo patrimônio líquido. Esses investimentos em *pool* gerenciados profissionalmente são facilmente acessíveis. Você pode

DICA DO CONSULTOR

A Fidely Investments é uma das maiores gestoras de investimentos do mundo, tendo sido liderada pelo extraordinário Peter Lynch, uma lenda do mundo dos investimentos e de Wall Street. Talvez um bom programa para um sábado a tarde seja entrar no site <www.fidelity.com/fund-screener> e pesquisar as várias opções de fundos mútuos disponíveis. Existem opções para diversas classes de ativos.

comprá-los diretamente, ou através de corretores ou consultores, planos de aposentadoria ou veículos de seguros.

Os fundos abertos são vendidos diretamente da empresa, ou através de uma força de vendas envolvendo corretores, planejadores financeiros e funcionários de companhias de seguros e bancos. O método usado para vender fundos abertos baseia-se na existência de uma comissão de vendas adicional, cobrada ao investidor.

Essa comissão de vendas chamada load, é usada para pagar as despesas com vendas de um fundo. Os fundos abertos vendidos sem essas comissões, são chamados de fundos sem carga (*no loads*). Aqueles que são vendidos com uma comissão são chamados de fundos de carga (*loads*).

Não há diferenças visíveis no desempenho entre os fundos sem carga ou com carga. A diferença está nos serviços prestados. Fundos sem carga (no loads), cobram custos de transação mais baixos e geralmente fornecem menos serviços; são benéficos para investidores que possuem algum conhecimento sobre investimentos e um entendimento de como os fundos de investimento funcionam.

Os fundos de carga (*loads*) são benéficos para os investidores que procuram aconselhamento ou orientação de um corretor ou

DICA DO CONSULTOR

Quando for adquirir um mutual fund, pesquise detalhadamente sobre ele. Leia a política de investimentos, informe-se sobre as taxas, o tipo e classe das ações, e como são cobradas todas as despesas inerentes. Por lei, um fundo mútuo pode cobrar até 8,5% sobre o valor investido. Trata-se de um percentual significativo. Além disso, alguns fundos mútuos podem também cobrar dos acionistas uma taxa de distribuição anual, denominada 12b-1. É importante estar ciente de todos os custos envolvidos. Consulte sempre um profissional fiduciário para ajudá-lo a decidir qual a melhor opção dentro das suas características e perfil.

consultor de investimento profissional, e não se importam em pagar uma taxa de vendas para aquisição do fundo.

EXCHANGE-TRADED FUNDS

Como mencionado anteriormente, um tipo de empresa de investimento que surgiu nos últimos anos é o fundo negociado em bolsa (ETF) *Exchange Traded Funds*. Os ETFs são negociados no mercado secundário da mesma forma que ações individuais são negociadas na bolsa, ou seja, ao longo do dia. Um exemplo de ETF é o SPDR (conhecido como *spider*) que rastreia o índice S&P500.

Comparados a outros fundos mútuos abertos, os ETFs oferecem várias vantagens, incluindo maior flexibilidade de negociação e menores despesas. Despesas mais baixas são o resultado da indexação dos investimentos e não do gerenciamento ativo. Esses fundos têm principalmente clientes institucionais.

Como são negociados no mercado secundário, a administração de fundos é protegida das atividades dos investidores. Isso torna os fundos mais eficientes em termos fiscais, porque a venda forçada de títulos para solicitações de resgate de investidores, resulta na distribuição de menos ganhos de capital. Outra vantagem significativa para os ETFs é que eles podem ser comprados e vendidos a preços entre os dias. Ou seja, o preço da transação não precisa esperar até o fechamento do dia de negociação.

Como esses fundos só podem ser comprados através de uma

DICA DO CONSULTOR

De acordo com desempenho igual do ativo investido, os ETFs podem oferecer um retorno maior ao investidor em relação aos fundos mútuos. Além disso, poder negociar ao longo do dia pode potencialmente dar ao investidor de ETF uma vantagem comercial.

corretora, tal qual uma ação, há uma taxa de comissão associada a cada transação.

Money Market Funds

Os fundos do mercado monetário possuem instrumentos de renda fixa a curto prazo, como certificados de depósito bancário, commercial papers e letras do Tesouro. Esses investimentos de curto prazo são considerados seguros e oferecem rendimentos um pouco maiores, do que as contas de poupança (*savings accounts*). Os gestores de investimentos destes fundos só podem investir os recursos em instrumentos de curto prazo que vencem em 90 dias ou menos.

Os fundos monetários geralmente não cobram encargos de venda aos investidores, que podem adicionar ou retirar dinheiro de suas contas a qualquer momento. Os dividendos são geralmente declarados diariamente. Os fundos monetários são ideais para as pessoas manterem seus fundos de emergência. Alguns investidores usam fundos monetários como um porto seguro para seus investimentos, em um ambiente de mercado tumultuado. Outros investidores usam fundos monetários como um local seguro de uma distribuição global, ou deixam depositados até que decidam o que fazer com os recursos.

Bond Funds

Os fundos de títulos, (*bond funds*) investem basicamente em títulos de renda fixa. Os fundos variam de fundos compostos por títulos do Tesouro dos EUA, de curto prazo (conservadores) a fundos investidos em títulos de longo prazo e alto rendimento (agressivos). A quantidade de renda que um fundo de títulos paga também pode variar dependendo do vencimento e da qualidade dos títulos no portfólio.

Alguns fundos de títulos estão listados abaixo:

- *Corporate bond funds;*
- *U.S. government bond funds;*
- *GNMA (or Ginnie Mae) funds;*
- *High-yield bond funds.*

Bond Funds

U.S. Government Bond Funds	Investidores muito conservadores que buscam renda e não se importam em desistir de algum retorno por menos flutuação do valor principal.
GNMA (or Ginnie Mae) Funds	Investidores muito conservadores que buscam renda e não se importam com um pouco mais de risco do que títulos do governo dos EUA e possível retorno.
Corporate Bond Funds	Investidores que buscam renda e não se importam em correr mais riscos para obter um melhor retorno. Quanto menor a classificação de crédito, maior será o risco e o rendimento esperado.
High Yield Bond Funds	Investidores que não se importam em assumir muitos riscos para obter rendimentos ainda mais elevados.

Considerações importantes sobre investimentos em fundos

Antes de investir em fundos é importante entender os objetivos e as filosofias, dos investimentos de cada fundo. O mercado é bem amplo e existem milhares de opções. Por exemplo, os fundos voltados

DICA DO CONSULTOR

O uso de bonds funds pode ser mais arriscado do que adquirir os títulos (bonds) individuais. A razão para isso é que a maioria dos bonds funds não tem uma data de vencimento definida, pois seus títulos estão constantemente amadurecendo e sendo comprados e vendidos. Já os títulos individuais possuem uma data de vencimento. Dependendo do cenário de variação das taxas de juros, o risco pode aumentar substancialmente.

ao crescimento do capital, chamados de *Growth funds*, normalmente incluem ações ordinárias com potencial de crescimento esperado. Os fundos de crescimento são mais voláteis, devido à volatilidade dos preços dos títulos e não pagam dividendos. Esses fundos são ideais para investidores com maior tolerância ao risco, que buscam crescimento e ganhos de capital a longo prazo.

Já os fundos de crescimento agressivo (*aggressive growth*) incluem títulos arriscados, como ações de pequenas empresas com grande potencial de valorização futura, investimentos alternativos, como derivativos, futuros de arbitragem, Ofertas Públicas Iniciais (IPOs) e títulos de aquisições por "alavancagem". Os investidores estão buscando altas taxas de retorno e devem ter uma alta tolerância para assumir riscos.

Os fundos de valor (*Value funds*) agrupam títulos considerados desvalorizados no mercado, pelo qual o valor intrínseco de um título excede seu valor atual de mercado. Os objetivos dos fundos são fornecer rendimento corrente e crescimento moderado a longo prazo.

Os fundos equilibrados (*Balanced funds*) detêm ações e títulos de renda fixa (*bonds*). Esses fundos buscam minimizar os riscos de investimento, sem sacrificar indevidamente as possibilidades de crescimento a longo prazo.

Os fundos equilibrados normalmente mantêm misturas relativamente constantes de títulos, ações preferenciais e títulos conversíveis para produzir renda e ações ordinárias para crescimento.

Outras modalidades são os fundos de investimentos em ações (*stock funds*), fundos especializados, fundos indexados, fundos flexíveis, entre outros. Conforme mencionado anteriormente, a variedade neste mundo de fundos disponíveis é imensa.

REITS – REAL ESTATE INVESTMENT TRUSTS

REITs é como os fundos de investimento imobiliário são chamados aqui nos Estados Unidos. São empresas que possuem ou financiam imóveis geradores de renda, em vários setores imobiliários. Essas empresas imobiliárias precisam atender a vários requisitos, para se qualificarem como REITs. A maioria dos REITs negocia nas principais bolsas de valores e oferece vários benefícios aos investidores.

Através dos REITs, o investidor aplicará no mercado imobiliário americano, sem necessariamente comprar um imóvel, mas adquirindo ações de um REIT. Segundo a Nareit, uma organização que integra informações sobre REIT, aproximadamente 87 milhões de norte-americanos investem em REITs através das suas contas de aposentadoria ou através de outros fundos.

Se você pensa em investir em fundos imobiliários nos EUA, vale a pena dar uma navegada no site da Nareit em: <www.reit.com>. O site é bem instrutivo e possui informações relevantes sobre o mercado; modalidades, investimentos, reportagens etc.

Os Estados Unidos possuem o maior e mais sofisticado mercado financeiro do mundo. São inúmeras as opções. Você deve investir em algo condizente com o seu perfil e tolerância ao risco. Pesquise bem sobre cada opção e nunca invista em algo que não conheça. Sempre conte com profissionais habilitados para ajudá-lo.

Capítulo 13

SEGUROS E PROTEÇÃO DE CAPITAL NOS EUA

Os homens esquecem mais rapidamente a morte do pai do que a perda do patrimônio.

Maquiavel

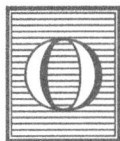

O imigrante deve saber usar de forma eficiente o seu dinheiro, saber investir, trabalhar duro em terras estrangeiras, crescer gradativamente com o tempo e experiência no novo país. Mas tudo isso não é suficiente. É preciso proteger o seu patrimônio e legado.

Existem diversas estratégias disponíveis nos Estados Unidos, para ajudar as pessoas a se protegerem. Um dos instrumentos mais utilizados são os seguros de vida (*life insurance*). Na verdade, podemos considerar a América como o país dos seguros, existe seguro para tudo. Seguro de veículos são obrigatórios, seguros residenciais também, se a casa estiver financiada. Os proprietários de imóveis (*landlord*) costumam exigir que os inquilinos façam seguros para cobrir pelo menos os seus bens pessoais e eventualmente acidentes domésticos, entre outros.

Para acessar serviços de saúde é importante ter um seguro de saúde, que pode cobrir desde atendimentos corriqueiros até internações graves em unidade de tratamento intensiva.

Enfim, são muitas as modalidades e finalidades dos seguros e vamos discutir como utilizar os seguros para a proteção do patrimônio e do legado dos imigrantes nos EUA.

A IMPORTÂNCIA DOS SEGUROS

O seguro é de grande importância em todo o mundo. Em geral, quanto mais desenvolvido economicamente um país, maior o papel do seguro como dispositivo de segurança econômica. Seguro é um contrato financeiro no qual indivíduos expostos a uma contingência especificada, contribuem para um *pool* financeiro. Usando esse *pool*, os eventos cobertos sofridos pelas pessoas participantes são pagos. Os indivíduos adquirem o direito de cobrar do *pool* se o segurado sofrer uma perda. O seguro é o contrato de sinistro contingente sobre os ativos do *pool*.

Algumas pessoas afirmam, que o seguro de vida e saúde pode ser considerado um mecanismo de distribuição de recursos, entre os afortunados e os menos favorecidos. Na realidade, os seguros de vida e saúde também podem ser forças importantes na produção de riqueza, pois podem aliviar a preocupação do proprietário da apólice

DICA DO CONSULTOR

A principal razão pela qual as pessoas compram seguros de vida com benefício em vida é criar uma sensação de segurança para si e sua família. Nos EUA é muito comum a realização de "vaquinhas" ou "ações entre amigos" para ajudar pessoas necessitadas, em casos de mortes prematuras ou até mesmo de doenças graves. Estas iniciativas são louváveis, mas se as pessoas soubessem que por valores mensais acessíveis elas poderiam contratar uma cobertura de vários milhares de dólares, não haveria necessidade disso.

e aumentar sua eficiência. A medida em que a preocupação com as consequências financeiras da perda de vida ou saúde causa incerteza e preocupação individual, o seguro de vida e saúde pode ajudar as pessoas a irem em busca de seus objetivos, sabendo que o seu legado e patrimônio estará protegido por eventuais contingências da vida.

Alguns podem argumentar que preferem economizar ao invés de comprar um seguro de vida. Certamente, bons hábitos de poupança devem ser incentivados, mas economizar envolve tempo, recursos e disciplina. Um programa de economia pode render apenas um pequeno volume no início, enquanto uma apólice de seguro garante o valor total de face, ou outros benefícios adicionais desde o início da sua vigência. Assim, pode proteger o proprietário da apólice contra eventos totalmente inesperados, como uma morte prematura, ou incapacidade física ou mental, evitando assim custos altíssimos de funeral e de despesas hospitalares; sem contar o tempo necessário ao tratamento, no qual geralmente o paciente deixa de trabalhar e produzir renda. Adquirindo uma apólice de seguro de vida, o imigrante consegue ter o *peace of mind*, ou seja, a paz de espírito, para poder trabalhar suficiente para economizar adequadamente por outros meios.

Por exemplo, se Sueli economizar $10,000 anualmente, levará quase 16 anos para acumular um montante de $250,000. Isso pressupõe que ela invista anualmente em uma aplicação que rende 6,0% ao ano de juros compostos. Mesmo assim, sua capacidade de acumular esse fundo de poupança depende da sua sobrevivência, boa saúde ou bem-estar por todo o período.

Depender inteiramente da própria economia como meio de prover o futuro, pode ser desastroso financeiramente. É geralmente aceito que o primeiro requisito para fornecer suporte futuro aos dependentes, seja algum tipo de proteção com valores pré-estabelecidos. O seguro serve como uma proteção contra a possível perda ou falha em continuar as acumulações anuais do fundo de poupança, por causa de uma morte prematura ou invalidez. Através de seguro de vida e saúde, o valor de $250,000 pode ser garantido pela seguradora, durante todo o prazo de vigência da apólice.

CARACTERÍSTICAS DO SEGURO DE VIDA

Apólices de seguro de vida e anuidades podem ser adaptadas como dispositivos de acumulação. Essas apólices costumam ser instrumentos razoáveis de economia a longo prazo, se forem cuidadosamente selecionadas.

Os juros creditados nos valores monetários da apólice, geralmente são diferidos de impostos, ou seja, o portador da apólice pode receber os valores economizados dentro da apólice com imposto zero, *tax free*. Esse fato, aumenta a atratividade do instrumento como um veículo de economia, não somente de proteção. Na verdade, estão sendo unidas as duas necessidades, muito importantes em qualquer planejamento financeiro.

O seguro de vida e as anuidades podem fornecer um serviço de investimento rentável e seguro, mas as apólices de seguro de vida também possibilitam ao proprietário, a providência para

DICA DO CONSULTOR

O Seguro de vida acaba sendo uma forma de poupança adicional, em caso de um evento de emergência ou incapacidade. Muitas pessoas acabam não tendo condições de economizar o valor do benefício contratado em caso de sinistro. É óbvio que ninguém quer usar este benefício, mas trata-se de uma rede de proteção útil no caso de uma fatalidade. Se caso a apólice contratada tiver um valor em dinheiro (*cash value*), muito comum em seguros permanentes, isso poderá constituir um tipo de plano de poupança semi-obrigatório para o imigrante.

salvaguardar os valores e os rendimentos da apólice. Muitas jurisdições concedem aos valores do seguro de vida, proteção especial contra as reivindicações dos credores, junto aos tomadores de seguro e seus beneficiários.

O seguro é um acordo financeiro que redistribui os custos de perdas inesperadas. O seguro envolve a transferência de possíveis perdas, para um grupo de indivíduos, expostos ao mesmo risco por meio do que é chamado de *pool* de seguros. Os membros em contrapartida financeira, contribuem para financiar o *pool* com base nas perdas previstas combinadas, divididas pelo número de pessoas do grupo. À medida que ocorrem perdas cobertas, os membros recebem fundos do *pool* para substituir a perda econômica sofrida.

A certeza do pagamento financeiro de um *pool* com recursos adequados e a previsibilidade precisa das perdas, são as características da transação de seguro. O exemplo a seguir de como o seguro funciona é baseado em uma comunidade composta por 200 casas, cada uma no valor de $200,000. Sem seguro, qualquer proprietário individual pode enfrentar uma perda substancial. No entanto, se todos concordarem em compartilhar igualmente as perdas, que qualquer um dos 200 proprietários tiver, o risco para cada uma é de apenas $1,000 por perda.

Legalmente, o seguro é um acordo contratual pelo qual uma parte concorda em compensar a outra parte por perdas, em troca da contraprestação paga, ou seja, o prêmio.

TERMOS E NOMENCLATURAS DOS SEGUROS

*   Seguradora (*insurer*) – A parte que concorda em pagar pelas perdas.
*   Segurado (*insured*) – A parte cuja perda faz com que a

seguradora efetue um pagamento de sinistros.

- Prêmio (*premium*) – O pagamento recebido pela seguradora, podendo ser adiantado, mensal, semestral ou anual.

- Apólice (*policy*) – Como o contrato de seguro é conhecido.

Exposição às perdas

A possibilidade de perda do segurado é chamada de exposição à perda. Se o segurado compra uma apólice de seguro, ele transfere a exposição à perda para a seguradora.

Em uma análise de reflexão, você pode questionar-se da seguinte forma:

– Quais riscos enfrentamos e qual é a nossa exposição?

– Exposição refere-se às unidades expostas ao risco. Em outras palavras, pode-se dizer que o proprietário de quatro casas está exposto a quatro chances de perda por incêndio, roubo ou danos causados pela tempestade, enquanto o proprietário de uma casa, tem apenas uma exposição.

O seguro afeta a casa, a família e a ocupação de quase todas as pessoas nos Estados Unidos, porque diferentes tipos de perdas diretas e indiretamente, podem acontecer. O mundo é probabilístico e ninguém pode prever o que irá acontecer. Um perigo, como um furacão, é uma causa de perda. Um risco, como má construção civil, é uma condição que aumenta a probabilidade de perda.

A incerteza relativa a uma perda é chamada de risco. Os *pools* de seguros reduzem o risco aplicando um princípio matemático compreendido como a lei dos grandes números.

Aspectos práticos e objetivos

O objetivo principal do seguro de vida é minimizar o impacto financeiro da morte prematura. Em princípio, muitos segurados contribuem antecipadamente para um conjunto de fundos dos quais são pagas perdas futuras dos sinistros. Existem muitos tipos de apólices de seguro de vida disponíveis. É essencial que o segurado identifique as opções e provisões do contrato de seguro de vida, bem como as implicações fiscais das apólices de seguro.

Ao determinar a sua necessidade de seguro de vida, é importante consultar algum agente licenciado em seu estado. A comercialização de seguros é uma atividade regulada, e só pode ser exercida por profissionais devidamente licenciados nos estados em que atuam. A seleção do tipo de apólice de seguro de vida, deve ocorrer somente após uma análise minuciosa das necessidades e do orçamento de cada pessoa.

Uma das circunstâncias mais infelizes de uma família é a morte de um provedor, ou seja, aquela pessoa que sustenta as necessidades financeiras da família. Além do sofrimento emocional, a necessidade de manter o estilo de vida atual e as despesas diárias agrava a perda. Tal situação pode empobrecer uma família, criar dificuldades incalculáveis ou forçar a família à dependência da assistência social pública.

As apólices de seguro de vida oferecem proteção contra os problemas financeiros, associados à morte prematura. Está disponível em grupo ou individualmente.

Tipos de apólices de seguros de vida

Term Life Insurance

O seguro de vida a termo fornece proteção por um número limitado de anos, dos quais no final a apólice expira, o que significa que termina sem valor de vencimento. O valor nominal da apólice é pago somente se a morte do segurado ocorrer durante o prazo estipulado, e nada será pago em caso de sobrevivência após o período estipulado em contrato.

As apólices de seguro a termo podem ser emitidas por um período tão curto quanto um ano. Geralmente, os seguros termo fornecem proteção por um número definido de anos, ou seja, 10, 15, 20 ou 30 anos, ou até uma idade estipulada, como 65 ou 70 anos.

O seguro termo pode ser comparado aos contratos de seguro de propriedade, como por exemplo, do seu carro. No início da apólice, o segurado paga um prêmio pela cobertura do ano. Se nenhum sinistro ocorrer durante o ano da apólice, a seguradora mantém o prêmio e o segurado não recebe nada. Se o segurado optar por não renovar a apólice, não haverá valor pago de volta ao segurado. Ou seja, o valor pago é substancialmente pela proteção adquirida em caso de algum acidente.

O seguro termo funciona da mesma forma, sendo geralmente chamado de *proteção pura* ou *seguro puro* porque paga apenas o benefício por morte e não possui componente de acumulação de recursos ou poupança. Não há posição patrimonial na apólice. Nada será pago se a morte não ocorrer durante o prazo da apólice.

Alguns contratos de seguro a termo preveem a cobertura incluída para o recebimento de benefícios em vida, em caso de uma doença grave. Neste caso, um percentual do Benefício estipulado por morte, deverá ser pago pela seguradora. Trata-se de mais coberturas que ajudam o imigrante a ter tranquilidade em buscar os seus objetivos de vida.

As taxas de prêmio inicial são mais baixas para o seguro de vida termo, do que outros tipos de seguro de vida emitidos na mesma base, porque o período de proteção é limitado e não há componente de economia e acumulação de valor. Os prêmios dos contratos de seguro a termo são os mais acessíveis do mercado. A pessoa está basicamente comprando proteção. Logicamente, quanto maior o prazo de cobertura, maior será o prêmio pago. Os preços dos produtos a termo são mais facilmente comparados do que os de outros tipos de seguro de vida, porque as apólices são estruturalmente mais simples e facilmente comparáveis.

Dois recursos aplicáveis a muitas apólices de seguro de vida a termo merecem atenção especial antes de discutir os produtos específicos.

- Renovabilidade
- Conversibilidade

Renovabilidade

A renovabilidade é um recurso do seguro de vida a termo, que permite que o proprietário da apólice renove a apólice após a expiração do prazo, por um número limitado de períodos adicionais de proteção. Por exemplo, uma apólice com prazo de 20 anos pode permitir a renovação por mais 20 anos no final do período inicial de 20 anos. Certamente, o prêmio a ser pago deverá ser maior, mas você já terá direito de renovar para manter a cobertura.

DICA DO CONSULTOR

Muito importante para qualquer imigrante possuir a sua apólice de seguro de vida. Realmente é muito arriscado alguém viver em um país estrangeiro e não ter nenhuma forma de proteção. No caso dos seguros a termo, o recomendável é pesquisar as alternativas e coberturas de cada seguradora, e logicamente o custo do prêmio anual. Para pessoas jovens e saudáveis os valores mensais do prêmio são bem acessíveis para cobertura de valores bem expressivos. Pense nisso!

A opção de renovação permite que o proprietário da apólice, ao término de cada período de vigência, continue a apólice sem referência ao status da verificação de segurança, por parte da seguradora e do segurado no momento da renovação. Algumas empresas limitam a idade, na qual tais políticas de termo podem ser renovadas.

O prêmio, embora nivelado por um determinado período, aumenta a cada renovação e baseia-se na idade atingida pelo segurado no momento da renovação. Uma escala de taxas garantidas de prêmios futuros já estará contida no contrato, proporcionando ao segurado uma autoconfiança, ao saber que existe um limite máximo para os prêmios futuros.

Normalmente a companhia de seguros cobra uma taxa menor, do que a declarada na apólice. O prêmio máximo declarado existe como uma válvula de segurança para a seguradora, caso seja necessário aumentar as taxas no futuro além da escala atual.

O termo renovabilidade significa simplesmente para que a apólice possa ser renovada além da data de vencimento original até a idade estipulada para o término, a uma taxa predefinida de renovação, caso o proprietário da apólice decida por pagar o prêmio. Portanto, as apólices de prazo renovável podem ser vistas como um seguro de vida a termo, com prêmio crescente e benefício de morte constante.

Conversibilidade

A maioria das apólices de seguro a termo inclui um recurso conversível. Esse recurso é uma opção de compra que permite ao proprietário trocar a apólice do seu seguro termo, por um contrato de seguro permanente, que possui acumulação de valor em dinheiro (*cash value*), sem evidência de segurabilidade. Geralmente, o período durante o qual a conversão é permitida é menor que o tempo de duração total da apólice. O privilégio de conversão aumenta a flexibilidade do seguro de vida a termo. Por exemplo, um proprietário de uma apólice de seguros, pode não ter escolhido o tipo que melhor se adapta às suas necessidades, no momento em que a adquiriu.

Ele pode ter preferido outro tipo, mas, devido a considerações orçamentárias, optou por uma cobertura de curto prazo. Após a emissão da apólice do seguro a termo, as circunstâncias podem ter mudado para permitir que o proprietário da apólice adquira coberturas mais adequadas de outro tipo de seguro de vida permanente.

Como alternativa, ele pode desejar usar o seguro para acumular recursos para algum objetivo ou aquisição futura, e não somente com a finalidade de proteção contra a morte. Se um indivíduo concluir que o seguro a termo não atende às necessidades presentes e futuras, essa conclusão poderá ser implementada trocando o contrato por um tipo de seguro que melhor se adapte às suas necessidades.

Uma porcentagem significativa de segurados fica sem cobertura, assim que o prazo estipulado no seguro a termo finaliza, isso porque as taxas do prêmio aumentam consideravelmente à medida que a saúde deles muda com a idade mais avançada. Sob tais circunstâncias, uma apólice de termo que não possa ser renovada, deixa de proporcionar uma cobertura adequada. Se a apólice tiver

DICA DO CONSULTOR

Se o segurado estiver coberto pelas mesmas taxas padrão do mercado, pode não haver vantagem financeira em exercer o privilégio de conversão, em comparação com a reentrada no mercado e a aquisição de uma nova apólice. Uma exceção a isso pode existir se a seguradora fornecer um crédito de conversão em relação aos prêmios da nova apólice.

um privilégio de conversão e se o prazo para a troca ainda não tiver expirado, o exercício desse privilégio poderá ser vantajoso para o segurado, protegendo assim contra a possibilidade de o seguro expirar antes que a morte ocorra.

Um caso prático

Marcelo é o marido, 30 anos, e Renata é a esposa, 32, acabaram de comprar sua primeira casa. Os dois possuíam rendas em conjunto no valor de $75,000 ($35,000 de Marcelo; $40,000 de Renata). A renda deles era vital para pagar o novo mortgage que eles fizeram. Eles queriam cobertura de seguro de vida para cobrir as obrigações com o mortgage, em caso do falecimento de um dos dois, algo como um seguro de vida hipotecário.

Como a hipoteca era uma nova despesa, eles queriam manter os prêmios dessa cobertura no mínimo. Eles perceberam que, ao formar uma família e adquirir mais ativos, suas necessidades de seguro de vida provavelmente aumentaria por um tempo, mesmo que a hipoteca diminuísse. Eles também achavam que acabariam desejando que parte do seguro de vida fosse permanente para cobrir suas despesas finais com a expectativa de vida.

Com um orçamento apertado, eles sabiam que essa cobertura permanente teria que esperar. Havia também um histórico de pressão alta e doenças cardíacas na família do marido, tornando a segurabilidade futura uma preocupação real.

Com base nesses fatores, a solução foi comprar para cada um uma apólice de prazo renovável de cobertura de benefício por morte de $150,000 em 20 anos, conversível nos primeiros dez anos. Isso lhes proporcionou: cobertura suficiente para proteger a hipoteca atual; a capacidade de manter o valor total para que, à medida que a hipoteca diminuísse, houvesse cobertura adicional para necessidades futuras; o que garantiu segurança por meio da renovação; permitido conversão garantida para algum tipo de cobertura permanente posteriormente; além de ajustar suas restrições orçamentárias atuais.

SEGURO DE VIDA INTEIRA (WHOLE LIFE INSURANCE)

O seguro de vida inteira destina-se a fornecer proteção de seguro durante toda a vida de uma pessoa. Deve ser visto como proteção permanente para necessidades de longo prazo, inclusive para o planejamento patrimonial e sucessório. Ele prevê o pagamento do valor nominal por morte do segurado, independentemente de quando a morte ocorrer.

Os valores de face a pagar, de acordo com as apólices de seguro de vida inteira, normalmente permanecem no mesmo nível durante toda a duração da apólice, embora algumas paguem dividendos, para aumentar o valor total pago por benefício de morte. Na maioria das apólices de seguro de vida inteira, o prêmio também permanece no mesmo nível durante todo o período de pagamento.

No entanto, existem exceções, como as apólices de seguro de vida inteira, com a previsão de Graded Premium, ou seja, têm prêmios iniciais mais baixos que aumentam gradualmente nos primeiros 10 a 15 anos. Outra variação é uma apólice de seguro de vida inteira de

---

DICA DO CONSULTOR

O seguro a termo é uma ótima opção quando o seu orçamento está comprometido. O imigrante não precisará fazer grandes esforços de economia para conseguir adquirir uma cobertura de proteção adequada. O que não dá é para ficar sem proteção alguma. Isso é inadmissível. Ninguém pode correr o risco de deixar a sua família e entes queridos em apuros em terras estrangeiras. Se existem instrumentos, a melhor decisão é fazer.

pagamento limitado, com prêmios mais altos a serem pagos por um período mais curto, por exemplo, até os 65 anos.

WHOLE LIFE CASH VALUES

Todas as apólices de seguro de vida inteira envolvem algum pré financiamento de custos futuros de mortalidade; o grau é em função do padrão e do período de pagamento do prêmio. Devido a esse pré financiamento, todas as apólices de seguro de vida inteira comercializadas nos Estados Unidos, precisam ter valores acumulados em dinheiro, ou seja, *cash value*. Os valores do *cash value* devem aumentar gradualmente até o valor nominal da apólice, geralmente aos 100 anos.

Os valores em dinheiro de contratos de seguros permanentes estão disponíveis para o proprietário da apólice a qualquer momento, a partir da solicitação ou cancelamento da apólice. Como alternativa, os valores em dinheiro podem ser usados de outras maneiras, fornecendo flexibilidade ao proprietário. As apólices de seguro de vida permanente geralmente contêm ilustrações da evolução do valor em dinheiro ao longo tempo, demonstrando a cada período, os valores mínimos garantidos que o proprietário da apólice poderia receber da seguradora, em caso de solicitação ou cancelamento da apólice.

Os proprietários de apólices de seguro de vida inteira, não

DICA DO CONSULTOR

Uma das principais vantagens de qualquer tipo de contrato de seguro de vida que envolva valores acumulados em dinheiro (*cash value*) é que o valor em dinheiro cresce com diferimento de impostos. Os recuros acumulados dentro do contrato crescem a cada ano, e não haverá imposto de renda devido, a menos que o proprietário retire mais dinheiro do que foi pago.

precisam cancelar as suas apólices para ter acesso aos fundos. As apólices permitem que o segurado faça empréstimos, contra o saldo do valor em dinheiro acumulado, dentro da apólice. É uma maneira eficiente de obter cash em caso de uma necessidade ou oportunidade que possa aparecer.

Obviamente, as seguradoras cobram juros por este empréstimo, que é deduzido do valor bruto do saldo acumulado remanescente de *cash value*, se a apólice for renunciada ou do valor nominal se o segurado morrer. Os empréstimos para apólices podem, mas não precisam, ser reembolsados a qualquer momento, pois são uma fonte de flexibilidade para apólices.

Importante ressaltar que o dinheiro tem valor no tempo, os prêmios pagos nos primeiros anos, são geralmente para cobertura de despesas e eles começam a acumular, de fato, a partir do segundo ano e vão crescendo lentamente ao longo do tempo até igualar ao valor nomial da apólice aos 100 anos de idade. Lembre-se de que os prêmios não são depósitos; seguro não é um investimento.

UNIVERSAL LIFE (UL) INSURANCE

Em 1979, um novo tipo de apólice chamado seguro de vida universal, foi criado na tentativa de atender aos interesses dos consumidores que gostaram da natureza de baixo custo, do seguro a termo, e dos recursos acumulados em dinheiro diferidos de impostos dos seguros de vida inteira.

DICA DO CONSULTOR

Existem vários casos de empreendedores nos EUA, que iniciaram as suas empresas, contando com recursos emprestados junto ao *cash value*, de suas respectivas apólices de seguro de vida. Os casos mais famosos são de Walt Disney e de Ray Kroc, fundador do McDonald´s.

Os segurados podiam realmente ver para onde seu dinheiro estava indo, pois o contrato de seguro de vida universal, separa os componentes de proteção e economia.

Esse novo produto híbrido deveria ser mais flexível do que seus antecessores, com recursos que permitiam ao segurado determinar se ele funcionaria mais como termo, ou mais como uma apólice de seguro de vida inteira.

O nome universal foi usado para descrever como poderia ser adaptado às diferentes necessidades das pessoas. Alguns chegaram a considerar o seguro de vida universal, como a última apólice de seguro de vida que você precisa comprar.

Alguns contratos de seguro de vida universal também permitem que o segurado faça empréstimos junto a apólice. Além disso, ao contrário do seguro de vida inteira (*Whole Life*), no qual apenas empréstimos estão disponíveis, o dinheiro pode realmente ser retirado da apólice. No entanto, se as taxas de juros caírem e as despesas do contrato aumentarem, é possível que o proprietário da apólice seja solicitado a pagar prêmios mais altos para manter a apólice em vigor.

INDEXED UNIVERSAL LIFE (IUL) INSURANCE

O seguro de vida universal (UL) possui várias modalidades, desde modelos de taxa fixa a taxas variáveis, onde você pode selecionar

DICA DO CONSULTOR

O seguro de vida universal possui mais flexibilidade do que as apólices de seguro de vida inteira. Os dois são bons instrumentos a serem considerados para proteger e acumular o seu capital, de forma segura. Verifique o seu caso específico com algum agente licenciado em seu estado, que certamente poderá explicar a você todas as vantagens e desvantagens de cada produto.

várias contas patrimoniais para investir os recursos acumulados em dinheiro da sua apólice. O seguro de vida universal indexado (IUL) permite que o proprietário acumule os recursos de valor em dinheiro (*cash value*), em uma conta fixa ou em uma conta de índice de ações. As apólices oferecem uma variedade de índices conhecidos, os mais comuns são os índices de bolsa de valores como o Nasdaq-100 ou o S&P 500.

As apólices de seguro IUL são mais voláteis do que as ULs fixas, mas são menos arriscadas do que as apólices de seguros variáveis UL, porque nenhum dinheiro é realmente investido no mercado de ações diretamente. O segurado não se expõe ao risco do mercado, como em um seguro variável.

A vantagem deste tipo de seguro é que o segurado pode aproveitar os ganhos do mercado, através do índice estipulado no contrato (S&P500) e não corre risco de perder dinheiro acumulado em caso de quedas no mercado. No caso de o índice de mercado cair abaixo de zero ao ano, as contas não terão nenhum acréscimo, mas também não terão redução. No caso de um crescimento no mercado, as apólices serão remuneradas de acordo com o índice, mediante um percentual de participação.

Os ganhos do índice são creditados à apólice com base em uma taxa percentual denominada taxa de participação. A taxa é definida pela companhia de seguros e pode variar de 25% até mais de 100%. Por exemplo, se o ganho for de 6%, e a taxa de participação é de 50%, sendo que o *cash value* atual é de $10,000, $300 são adicionados ao valor acumulado em dinheiro (*cash value*) da sua apólice (6% x 50% x $10,000 = $300).

Seguro de vida variável (Variable Life Insurance)

Diferentemente das apólices de seguro de vida inteira (*whole life*) e de seguro de vida universal (*universal life*), as apólices de seguro de vida variável são contratos nos quais o segurado tem o direito de direcionar como o valor em dinheiro (*cash value*) será investido.

As escolhas típicas em uma apólice de seguro de vida variável para investimentos são fundos mútuos de ações e títulos de renda fixa, bem como instrumentos do mercado monetário e contas de juros garantidas.

O segurado assume o risco de investimento, através da variação do valor acumulado em dinheiro dentro da apólice, e da quantia de proteção de benefícios por morte (*death benefits*). As apólices universais oferecem o potencial para que o benefício por morte, aumente com base nas opções de investimento, o que permite ao segurado acompanhar a inflação, minimizando o risco do poder de compra.

O prêmio é fixo mas o valor em dinheiro (*cash value*) e o valor nominal (*death benefits*), sujeitos a um mínimo estipulado pelo contrato, variam. Essas apólices têm potencial para acumulação de valores em dinheiro significativamente mais altos, mas também têm maiores despesas e taxas de administração de fundos.

As disposições da apólice sobre empréstimos e outros atributos são semelhantes aos contratos de seguro de vida inteira e de seguro de vida universal.

DICA DO CONSULTOR

Como o valor em dinheiro (*cash value*) pode ser investido no mercado financeiro de capitais, os agentes precisam de uma licença de seguro e também de uma licença de títulos mobiliários (FINRA/SEC) para poder vender seguros de vida variável. Além disso, o segurado deve receber um prospecto da seguradora, com todas as informações pertinentes, além dos riscos considerados.

Anuidades (Annuities)

Uma anuidade é um contrato entre uma companhia de seguros e um indivíduo, que normalmente garante renda vitalícia à pessoa. O contrato se baseia na troca de uma quantia única ou pagamento periódico à companhia de seguros, em troca de uma renda vitalícia no futuro. Geralmente, o objetivo de quem compra uma anuidade é a renda de aposentadoria. Trata-se de uma forma muito utilizada por muitos americanos ao planejar a aposentadoria.

As anuidades podem ser usadas para acumular recursos financeiros para um momento futuro, em que os ativos possam ser convertidos em um fluxo de renda constante para o beneficiado. Esse fluxo de renda pode ser projetado para ser pago ao longo da vida do requerente, por um período determinado, como 20 anos, além de prover renda para mais de duas pessoas, como no caso de marido e mulher. Essencialmente, as anuidades podem fornecer uma renda que não pode ser perdida. Por isso, torna-se uma opção para muitas pessoas ao planejarem a aposentadoria, pois terão direito a uma renda certa. A companhia de seguros está assumindo o risco de longevidade do segurado.

Durante a fase de acumulação, os depósitos podem ser feitos como um pagamento único em dinheiro, ou como uma série de pagamentos periódicos feitos ao longo do tempo. O dinheiro permanece investido na companhia de seguros e é creditado com algum fator de crescimento. Os proprietários podem investir os pagamentos de prêmios, feitos dentro do contrato de anuidade, para aumentar os valores de pagamentos futuros de renda. Os ativos podem ser retirados durante a fase de acumulação, mas podem estar sujeitos a uma penalidade de resgate imposta pela seguradora. A fase de acumulação pode ser tão curta quanto trinta dias, ou pode ter duração indeterminada. Independentemente de sua duração, a fase de acumulação termina quando o proprietário morre, o contrato é rescindido ou a fase de distribuição começa. Normalmente, quando alguém que comprou uma anuidade diferida morre durante o período de acumulação, seu beneficiário recebe o retorno dos prêmios, geralmente com juros.

DICA DO CONSULTOR

Mesmo as pessoas que já possuem planos qualificados de aposentadoria 401(k) e conta de aposentadoria individual (IRA) podem considerar investir também em anuidades diferidas com o objetivo de acumular recursos sem impostos para a sua aposentadoria.

CURIOSIDADE

Por que o seguro de vida recebe tratamento tributário especial? A maioria das pessoas não sabem a razão. O governo federal dos EUA usa leis e regulamentos tributários, não apenas para influenciar a economia, mas também para incentivar certos comportamentos que são bons para a sociedade. Se as famílias se sustentarem, menos pessoas acabarão sendo dependentes de programas de assistência social. Isso alivia as pressões sobre o governo. Assim, ao fornecer incentivos fiscais, o governo espera que as pessoas comprem seguro de vida para apoiar seus sobreviventes.

DICA DO CONSULTOR

Sempre consulte o seu agente licenciado sobre a melhor opção de seguro e proteção para você e sua família. O mercado é bem amplo e existem muitas alternativas. Um item a considerar é a inclusão de benefícios adicionais, tais como o benefício em vida. No caso de uma doença grave, o segurado pode receber parte do valor nominal do benefício de morte.

Capítulo 14

PLANEJAMENTO FINANCEIRO EM TEMPOS DE CRISE

Cuidado com as pequenas despesas; um pequeno vazamento afundará um grande navio.

Benjamin Franklin

lanejamento financeiro é muito importante. No momento que estou escrevendo este livro, o mundo vive uma crise devido a pandemia do coronavírus. Uma crise sem precedentes, que afeta tanto os aspectos de saúde pública, quanto os aspectos econômicos. Uma verdadeira guerra, contra um inimigo invisível e ainda sem uma arma para detê-lo;[1] com prognóstico de impactos econômicos severos nos Estados Unidos, bem como em toda a economia mundial. Em épocas de crises, é muito importante ter recursos financeiros para poder suportar períodos de baixa liquidez e diminuição na atividade econômica.

Diminuição da atividade econômica quer dizer, menos empregos disponíveis e menos faturamento para as empresas. Agora, imagine

---

1. Até o mês de maio de 2020 ainda não havia nenhuma vacina ou medicação eficaz contra o COVID-19 (coronavírus).

você morando em país estrangeiro, e não contar com uma reserva de emergência. O cenário pode ser catastrófico, principalmente se você é novo no país e ainda não constituiu o seu *credit score* (uma nota de crédito que os bancos utilizam para liberar empréstimos para as pessoas físicas, conforme apresentado no Capítulo 7). Desta forma, o recomendado é construir uma reserva financeira líquida, ou seja, o dinheiro tem que estar depositado em uma conta de alta liquidez no seu banco, tais como: *checking, savings account*, CD (certificados bancários) e investimentos no mercado monetário (*Money market*).

Esta reserva deve ser no mínimo, o valor correspondente a 6 meses de despesas fixas e recorrentes no seu orçamento mensal (conforme já orientado no Capítulo 3). Aqui entram as despesas de moradia (aluguel ou *mortgage*), alimentação, vestuário, utilidades etc. Isto é o ideal, mas reconheço que poucas pessoas conseguem chegar a este nível. De forma geral, eu diria que é necessário começar a criar a sua reserva de emergência já, pois para você, imigrante, ela é fundamental. Para você que pensa em imigrar, ela é imperativa. Você precisa ter essa reserva de emergência, antes de mudar para qualquer país. Do contrário, irá correr muitos riscos, podendo colocar a sua família em sérios apuros. Digo isso porque leva muito tempo até restabelecer-se em outro país. Alguns podem considerar esta recomendação muito conservadora, mas é preferível que seja dessa forma; porque trata-se do bem-estar de sua família.

Em épocas de crises é muito importante proteger a sua família. Existem inúmeros instrumentos que podem ser utilizados para dar tranquilidade a você. As decisões de proteção (conforme apresentado no capítulo 13) fazem parte do desenvolvimento de um plano financeiro muito bem definido. O seu plano será seu mapa, que irá controlar seus próximos passos e indicar se você está caminhando na direção certa ou se está se desviando do objetivo.

Apesar de severas, as crises são passageiras; devido ao comportamento periódico da economia e a capacidade que as pessoas têm de superarem os mais diversos desafios a que são expostas, inclusive uma pandemia global como a Covid 19.

Não tenho dúvidas que iremos superar esta crise. Mas não se anime, pois certamente teremos outras. Não foi a primeira e não será a última. Por isso que é importante adotar certos comportamentos e ações assertivas, em momentos de crises.

Para você passar pelas crises de forma digna, controle os pequenos gastos. Os pequenos gastos podem ser um dos grandes vilões. Despesas como cafezinho, lanches e compras diversas podem valer um imóvel se poupados por alguns anos.

Veja o exemplo do André, um apaixonado por cafés do Starbucks. Ele toma dois cafés por dia a um custo unitário de $5. Avaliando o valor por unidade, parece um exagero controlar esta despesa. Entretanto, o consumo de André custa $200 por mês. Se ele investisse este montante por 30 anos, em uma aplicação que renda 5% ao ano, ele teria ao final do período cerca de $164 mil[2]. E agora, o custo deste café continua desprezível?

Ao longo do próximo mês, anote todas as suas despesas com valor inferior a $10. Em seguida, avalie quais são realmente necessárias e maneiras de cortar ou controlar estas despesas.

A matemática é simples. Receita menos despesas se apura o resultado mensal do seu fluxo de caixa. Se a receita cair, é necessário cortar despesas. Este exercício não é fácil, mas necessário para passar por épocas de crises. Reduzir as despesas fixas recorrentes é muito complicado, mas mesmo essas despesas podem ser reduzidas com criatividade e empenho. Pense que você pode ter mais do que precisa e talvez seja a hora de desapegar de certos hábitos ou supérfluos.

---

2. Considerando uma taxa mensal composta equivalente de 0,41% ao mês.

Quando isso é exposto de forma franca e honesta, o resultado é garantido. Lembro-me de uma ocasião, em um atendimento a um cliente. No Brasil, sempre fui convidado a fazer palestras para indústrias na semana de prevenção de acidentes (SIPAT). Eu ministrava uma palestra sobre Orçamento Doméstico e como gerenciar o dinheiro e me colocava a disposição para orientar as famílias individualmente.

As reuniões eram muito interessantes. Eu consegui aprender muito, sobre os hábitos de consumo de várias famílias brasileiras. Um caso em especial chamou-me a atenção. Em um desses atendimentos, o Sr. João deu um depoimento muito marcante. Ele disse que sempre fazia uma reunião na sala da casa deles, na qual discutiam o orçamento e as metas da família. O objetivo era reformar a casa e todos da família, inclusive os filhos pequenos, estavam empenhados.

Em cidades do interior do Brasil é muito comum a realização de Exposições agropecuárias, com shows musicais e até parque de diversões. O filho pequeno do Sr. João adorava algodão doce. No dia da exposição, ele levou o seu filho e ofereceu-lhe algodão doce, mas recebeu a seguinte resposta:

— *Não, papai, temos que economizar para reformar a nossa casa.*

Isso é emocionante! O comprometimento de uma criança ao objetivo da família nos leva a crer que tudo será possível para esta família.

Diariamente somos bombardeados pelas campanhas publicitárias que tentam nos fazer acreditar sobre a necessidade de ter um determinado bem, ou serviço.

A aquisição de um bem, muitas vezes traz junto uma série de custos fixos periódicos. Um carro gera uma despesa de seguro, licenciamento, manutenção, garagem, dentre outros. A compra de um celular mais moderno, nos faz contratar um plano de serviços mais caro.

Examine todas as suas despesas fixas e reflita quais delas podem ser reduzidas sem detrimento da piora de sua qualidade de vida. Por exemplo:

– Seu plano de TV a cabo tem mais canais do que assiste?

– Sua despesa de celular poderia ser reduzida?

A revisão destes gastos fixos pode gerar uma economia de 5% a 10% em seu orçamento. Portanto, esta redução vai ajudá-lo a chegar mais próximo de sua meta.

Muitas de nossas aquisições são realizadas por mero impulso. Planejamos pouco as aquisições e isso acaba levando a mais dívidas. Isso será um sabotador do seu futuro financeiro. É preciso seguir o plano e buscar atingir a meta.

Um alto endividamento faz com que se pague muito mais pela aquisição do bem, sem contar o estresse para gerenciar as dívidas. Muitas dívidas pressupõe baixa qualidade de vida, problemas conjugais, familiares e até problemas de saúde, como depressão.

Aproveite os momentos de crises para se reinventar, se aperfeiçoar em alguma nova habilidade; e criar formas para aumentar suas receitas. Tony Robbins escreveu que "o segredo do sucesso econômico é aprender a se tornar mais valioso no mercado".

Portanto, é preciso pensar novas maneiras de aumentar seus rendimentos. Para se tornar mais valioso, precisa aprimorar técnicas que melhorem sua produtividade no trabalho e seu empregador perceba que mesmo que dobrasse seu salário, ele ainda estaria economizando.

O caminho para o crescimento profissional e financeiro passa pela busca do seu desenvolvimento pessoal. São aprimoramentos que podem ser obtidos em cursos e livros. Estes investimentos bem aplicados, produzirão retornos elevados.

Quero compartilhar com vocês a seguinte história, baseada em uma entrevista com o grande inventor americano Thomas Edson (*An Interview with Thomas Edson – The Greater Inventor*):

Numa noite de dezembro de 1914, em Nova Jersey, as instalações fabris de Thomas Edson foram destruídas por um incêndio e ele perdeu equipamentos no valor de cerca de um milhão de dólares, além de registros de grande parte do seu trabalho.

Na manhã seguinte, ao caminhar por entre os destroços carbonizados de seus sonhos, o inventor, que contava 67 anos de idade, disse:

— *Os desastres têm um préstimo – queimar nossos erros. Depois a gente pode começar de novo.*

Edson compreendeu um dos grandes princípios da vida:

DICA DO CONSULTOR

10 atitudes de profissionais extraordinários!

1 - Proativos;

2 - Pontuais;

3 - Esforçados;

4 - Amam o que fazem;

5 - Agem com entusiasmo;

6 - Assumem responsabilidades;

7 - Fazem além do solicitado;

8 - Éticos e discretos;

9 - Aceitam feedbacks e orientações;

10 - Buscam aprendizado contínuo.

qualquer situação, seja boa, seja má, altera-se, na dependência da atitude com que a encaramos.

Os melhores otimistas enfrentam os problemas com uma filosofia corajosa e conseguem emergir das tragédias, ainda mais fortes! Pesquisas recentes apontam que os otimistas ganham mais dinheiro, têm mais sucesso escolar, são mais saudáveis – o que ocasiona uma vida certamente mais longa. Ou seja, o otimista leva vantagens em relação ao pessimista, quer em qualidade, quer em quantidade de vida.

PONHA UM TUBARÃO NO SEU TANQUE

Os japoneses sempre adoraram peixe fresco. Porém, as águas perto do Japão não produzem muitos peixes há décadas. Assim, para alimentar a sua população, os japoneses aumentaram o tamanho dos navios pesqueiros e começaram a pescar mais longe do que nunca.

Quanto mais longe os pescadores iam, mais tempo levava para o peixe chegar. Se a viagem de volta levasse mais do que alguns dias, o peixe já não era mais fresco.

E os japoneses não apreciaram o gosto desses peixes. Para resolver esse problema, as empresas instalaram congeladores em seus barcos. Eles pescavam e congelavam os peixes em alto-mar. Os congeladores permitiram que os pesqueiros fossem mais longe e ficassem em alto-mar por mais tempo. Entretanto, os japoneses conseguiram notar a diferença entre peixe fresco e peixe congelado e, é claro, eles não gostaram do peixe congelado.

O peixe congelado tornou os preços mais baixos. Então, as empresas de pesca instalaram tanques de peixes nos navios pesqueiros. Eles podiam pescar e enfiar esses peixes nos tanques, "como sardinhas em latas". Depois de um certo tempo, pela falta de espaço, eles paravam de se debater e não se moviam mais. Chegavam cansados e abatidos, porém, vivos. Infelizmente, os japoneses ainda podiam notar a diferença do gosto. Por não se mexerem por dias, os peixes perdiam o gosto de frescor. Os japoneses preferiam o gosto de peixe fresco e não o gosto de peixe apático.

Então, como os japoneses resolveram o problema? Como eles conseguiram, diante das dificuldades, levar para o Japão peixes com gosto de puro frescor?

Se você estivesse dando consultoria para a empresa de pesca, o que recomendaria?

Quando as pessoas atingem seus objetivos, ou seja, quando encontram uma namorada maravilhosa, começam com sucesso numa empresa nova, pagam todas suas dívidas; elas podem começar a pensar que não precisam mais se esforçar tanto e então relaxam. Elas passam pelo mesmo problema que os ganhadores de loteria, que gastam todo seu dinheiro; o mesmo problema de herdeiros que nunca crescem e de donas de casa entediadas que ficam dependentes de remédios de tarja preta.

Para esses problemas, inclusive no caso dos peixes japoneses, a solução é bem simples. Foi observado no começo dos anos 50, que o homem progride, estranhamente, somente em um ambiente desafiador. Quanto mais inteligente, persistente e competitivo você é, mais você gosta de um bom problema.

Se seus desafios são de um tamanho adequado e consegue, passo a passo, superar esses desafios e partir para novas conquistas, você fica muito feliz. Você pensa em seus desafios e se sente com mais energia, fica entusiasmado em tentar novas soluções e se diverte. Você fica vivo!

Para conservar o gosto de peixe fresco, as empresas de pesca japonesas ainda colocam os peixes dentro de tanques. Mas elas também adicionam um pequeno tubarão em cada tanque. O tubarão come alguns peixes, mas a maioria chega "muito viva". Os peixes são desafiados. Precisam se mexer para continuarem vivos.

Portanto, ao invés de evitar desafios, pule dentro deles. Massacre-os. Curta o jogo. Se seus desafios são muito grandes e numerosos, não desista. Reorganize-se! Busque mais determinação, mais conhecimento e mais ajuda.

Se você alcançou seus objetivos, busque objetivos maiores. Uma vez que suas necessidades pessoais ou familiares sejam atingidas, vá de encontro aos objetivos do grupo, da sociedade e até mesmo da humanidade. Crie seu sucesso pessoal e não se acomode nele.

Você tem recursos, habilidades e destrezas para fazer a diferença. Então, ponha um tubarão no seu tanque e veja quão longe você realmente pode chegar.

História extraída do livro "Douglas", do meu amigo Douglas Duran!

Repare que para vencer qualquer crise dependerá mais do seu comportamento do que da sua técnica. Não adianta dominar todas as ferramentas e técnicas financeiras, se não houver atitudes vencedoras frente aos obstáculos.

DICA DO CONSULTOR

5 ideias para aguçar a sua criatividade

1 – Não desperdice suas manhãs;

2 – Passe mais tempo olhando pela janela;

3 – Faça alguém feliz;

4 – Sinta-se como uma partícula no mundo;

5 – Seja grato em todos os momentos.

Capítulo 15

CONSIDERAÇÕES FINAIS E PRÓXIMOS PASSOS

Se você pensa que pode, e se você pensa que não pode, de qualquer forma você está certo.

Henry Ford

Educar-se financeiramente é imprescindível para quem almeja atingir os seus objetivos e metas de vida. A adoção dos princípios básicos de planejamento e controle financeiro possibilita que você alcance mais rapidamente seus objetivos de consumo, sem gastar tanto. Da mesma forma que possibilita uma maior folga no orçamento, o que, em última instância, traz maior tranquilidade à pessoa.

Uma das maiores causas de desequilíbrio familiar, conjugal e até mesmo empresarial, está relacionado à problemas financeiros. Quando o fluxo de caixa está desajustado, ou seja, existem mais saídas do que entradas de recursos, sem ter uma reserva de suporte, as pessoas ficam estressadas e menos produtivas. Pesquisas apontam, que problemas financeiros afetam a qualidade de vida das pessoas. As pessoas que aprendem e adotam os princípios da Educação Financeira em suas vidas, conseguem ter uma estabilidade emocional.

Esta estabilidade emocional reduz a impulsividade das decisões de consumo e investimento. Neste contexto, pode-se afirmar, sem qualquer sombra de dúvida, que o maior benefício da educação financeira é permitir que você tenha controle da sua situação financeira. Algo que, efetivamente, não tem preço!

No que diz respeito a sua jornada imigratória, a questão financeira será fundamental e você não pode negligenciá-la. Quem se planeja adequadamente para morar em outro país, tem muito mais chances de ser bem-sucedido e evitar estresse em terras estrangeiras.

Planejamento Financeiro é a chave para a realização dos seus sonhos. Nunca vi ninguém com as finanças desorganizadas, atingir qualquer objetivo ou meta na vida. Para ter a capacidade de realizar os seus sonhos é imperativo que você saiba mais sobre Planejamento Financeiro.

Quando você aprende sobre finanças, automaticamente você está treinando o seu cérebro a tomar as melhores decisões, relacionadas ao uso consciente do seu dinheiro. Você será muito mais seletivo e racional em suas decisões de compras, irá poupar o seu dinheiro, fazendo-o render para que você possa iniciar os seus investimentos. E saber investir é fundamental para quem quer ser livre e financeiramente independente.

Uma pessoa financeiramente independente é aquela que toma às rédeas da própria vida. É alguém que consegue ter tempo para "curtir a família", fazer o que realmente gosta, além de investir muito bem o seu dinheiro.

O bacana disso tudo, é que qualquer um pode aprender os

fundamentos das finanças e dos investimentos. Só depende do seu empenho e esforço em compreender os conceitos, e principalmente, mudar os hábitos de consumo.

Quando você realiza o seu Planejamento Financeiro, naturalmente, você desenvolve uma mentalidade vencedora. Você mentaliza que todos os seus objetivos e sonhos são possíveis de alcançar sim. Basta planejar, saber onde quer chegar, ter uma estratégia de execução e muita organização financeira (controlar gastos e poupar dinheiro), além de sabedoria para investir.

Portanto, a velha máxima ainda continua: não gaste mais do que você ganha, poupe, invista e conquiste a tão sonhada liberdade financeira.

Este livro não tem a pretensão de esgotar o assunto. Muito pelo contrário. De modo a tornar esta obra mais interativa e próxima dos leitores, o convido a acompanhar as minhas redes sociais. Adoro interagir com pessoas, discutir os conceitos aqui apresentados, bem como criar estratégias e insights.

Estou sempre disponibilizando *lives* (vídeos ao vivo) no meu perfil do Instagram (@abel.fiorot.usa). Semanalmente, direto dos Estados Unidos, discuto temas importantes na vida financeira do imigrante. São temas variados, desde entrevistas com empreendedores, oportunidades nos EUA, aspectos contábeis e tributários; além é claro, da elaboração de um Fluxo de Caixa até a realização de investimentos, enfocando sempre a tomada de decisão financeira para que você possa progredir na vida. Conteúdo útil, relevante e gratuito para você. Para acompanhar, é só me seguir nas redes sociais. Está feito o convite, participe!

E vamos em frente!!

BIBLIOGRAFIA

REFERÊNCIAS

AUBELE, T.; FREEDMAN, D.; HAUSNER, L.; REYNOLDS, S. **Mentes milionárias.** Universo dos livros, 2013.

BERNSTEIN, P. L. **Desafio aos Deuses.** Campus, 1997.

BODIE, Z.; KANE, A.; MARCUS, A. **Essentials of investments.** McGraw-Hill Irwin, 2013.

BUFFETT, W. **Dicas do maior investidor do mundo.** Campus, 2007.

CAGAN, M. **Investing 101.** Adams Media, 2009.

CUNNINGHAM, L. A. **The essays of Warren Buffett.** Lawrence, 2015.

DOMINGOS, C. **Oportunidades disfarçadas.** Sextante, 2009.

DURAN, D. **Douglas.** Insular, 2013

ELLIS, C. D. **The elements of investing.** Wiley, 2013.

FERRI, R. A. **All about asset allocation.** Mc Graw Hill, 2010.

FIFER, B. **Double your profits.** Harper, 1994.

GASPAROTTO Filho, I. **Planejamento Financeiro Pessoal: Conceitos e Aplicações no Cenário Brasileiro.** CFA Society Brazil, 2018.

GIBSON, R. C. **Asset Allocation balancing financial risk.** Mc Graw Hill, 2008.

GRAHAM, B. **The intelligent investor.** Harper Business, 2006.

HALFELD, M. **Investimentos.** Fundamento, 2009.

HARDY, D. **The compound effect.** Da Capo Press, 2013.

INVESTOPEDIA. Disponível em: <https://www.investopedia.com/>

JOHNSON, K. D. **The entrepreneur mind.** Jonhson Media, 2013.

KAPLAN. **Series 65 Uniform Investment Adviser Law Exam License Manual.** Kaplan Financial Education, 2019.

KELLY, P. **The retirement miracle.** Blue water press, 2011.

KOLLER, T.; GOEDHART, M.; WESSELS, D. **Valuation.** Mckinsey & Company, 2015.

MALKIEL, B. G. **A random walk down Wall Street**. W. W. Norton & Company, 2019.

MOTTA, R. R.; CALOBA, G. M. **Análise de investimentos.** Atlas, 2002.

OLDCORN, R.; PARKER, D. **The strategic investment decision.** Pitman Publishing, 1996.

RECINELLA, R. **É divertido fazer o impossível.** Casa da Qualidade, 2005.

SETHI, R. **I will teach you to be rich.** Workman Publishing, 2019.

TOBIAS, A. **The only investment guide you'll ever need.** Mariner Books, 2016.

TRACY, B. **Conquiste sua independência financeira.** Sextante, 2011.

VADEN, R. **Take the stairs.** Penguin Group, 2013.

ROBBINS, T. **Unshakeable.** Simon & Schuster, 2017.

Websites úteis:

American Depositary Receipts
www.adr.com
Automobiles
www.msn.com/en-us/autos
Better Business Bureau
www.bbb.org
Bonds
www.investinginbonds.com
Brokers (on-line)
www.avenue.us
www.tdameritrade.com
www.etrade.com
www.schwab.com
Charting (Stocks)
http://bigcharts.marketwatch.com/
www.marketwatch.com/investing/stocks
College Funding
www.collegesavings.org
www.savingforcollege.com
Common Stocks
www.bloomberg.com
www.cnbc.com
www.yahoofinance.com
www.fool.com
www.starmine.com
www.stocktrak.com

Dividends
www.dripinvestor.com
Earnings reports
www.earningswhispers.com
Economic Information (General)
www.census.gov
www.ceoexpress.com
www.economy.com
www.economy.com/freelunch
Employee Benefits
www.benefitslink.com
www.ebri.org
Estate Planning
www.estateplanninglinks.com
www.leimberg.com
http://store.tax.thomsonreuters.com/accounting/tax/estate-planning
Financial Planning
www.financial-planning.com
www.investmentnews.com
http://www.onefpa.org/journal/pages/default.aspx
Foreign Exchange (Currency)
www.forexnews.com
www.oanda.com
Government Data
www.congress.gov
www.federalreserve.gov
Individual Retirement Accounts (IRAs)
www.irahelp.com
Insurance
www.nationallife.com
Interest Rates
www.bankrate.com
www.money-rates.com
Internal Revenue Service (IRS)
www.irs.gov
Investing (General)
www.bloomberg.com
www.hoovers.com
www.invest-faq.com
www.investorwords.com
www.ipofinancial.com

www.siliconinvestor.com

Magazines (Financial)

http://www.bloomberg.com/businessweek

http://www.bloomberg.com/markets

www.forbes.com

www.fortune.com

www.money.cnn.com

Mortgage data

www.eloan.com

www.freddiemac.com

www.lendingtree.com

Mutual Funds

www.ici.org

www.mfea.com

www.morningstar.com

Newspapers (Financial)

www.ft.com

www.wsj.com

Newspapers (General)

www.investors.com

www.nytimes.com

Options

www.cboe.com

www.optionseducation.org

Retirement Planning

www.aarp.org

RIA – Registered Investment Advisor

www.proxyfinancial.com

Securities Regulation

www.sec.gov

www.finra.org

Social Security

www.ssa.gov/myaccount

Stock Exchanges

www.nasdaq.com

www.nyse.com

Taxes

www.eftps.gov

www.irs.gov

U.S. Treasury

www.treasurydirect.gov

SOBRE O AUTOR

ABEL FIOROT LOUREIRO é consultor financeiro e professor universitário. Profissional com mais de 17 anos de experiência na área de gestão e planejamento financeiro, especialista em investimentos internacionais, tendo formação acadêmica na área de Finanças no Brasil (Ibmec e FGV - Fundação Getulio Vargas) e nos Estados Unidos (Jack Welch College of Business/Sacred Heart University). Pai do Alberto e do Arthur, esposo da Roberta, cristão e flamenguista. Adora ler, escrever e discutir sobre gestão, finanças e investimentos em suas redes sociais. Atualmente reside em Boca Raton, Florida – USA.

Entre em contato:

www.abelfiorot.com.br

Instagram: @abel.fiorot.usa

Facebook: https://www.facebook.com/abelfiorotconsultor

YouTube: https://www.youtube.com/abelfiorotconsultor

www.ingramcontent.com/pod-product-compliance
Lightning Source LLC
Chambersburg PA
CBHW071641200326
41519CB00012BA/2358